2018年

网络舆情
热点扫描

陈志伟 刘春阳 编著

国际文化出版公司

·北京·

图书在版编目（CIP）数据

2018 年网络舆情热点扫描 ／ 陈志伟，刘春阳编著 . －－ 北京 ：
国际文化出版公司，2019
ISBN 978-7-5125-1130-9

Ⅰ . ① 2… Ⅱ . ①陈… ②刘… Ⅲ . ①互联网络－舆论
－研究－中国－ 2018 Ⅳ . ① G219.2

中国版本图书馆 CIP 数据核字 (2019) 第 146031 号

2018 年网络舆情热点扫描

编　　著	陈志伟　刘春阳	
责任编辑	宋亚眶	
出版发行	国际文化出版公司	
经　　销	国文润华文化传媒（北京）有限责任公司	
印　　刷	河北盛世彩捷印刷有限公司	
开　　本	710 毫米 ×1000 毫米　　　16 开	
	12 印张　　　　138 千字	
版　　次	2019 年 7 月第 1 版	
	2019 年 7 月第 1 次印刷	
书　　号	ISBN 978-7-5125-1130-9	
定　　价	49.00 元	

国际文化出版公司
北京朝阳区东土城路乙 9 号
总编室：（010）64271551
销售热线：（010）64271187
传真：（010）64271187-800
E-mail：icpc@95777.sina.net
http://www.sinoread.com

邮编：100013
传真：（010）64271578

本书参编作者：（按姓氏笔画排序）

王鹏远　龙晓蕾　孙佳星　朱　昱

许凌筠　汤　星　张翔宇　蔡灿彬

前　言

　　2018年，我国网络舆论格局继续发生深刻变化，推动互联网与现实社会进一步融合。纵观全年，政治、经济、社会、民生等各领域大事要事多、风险挑战大，带动网络舆论场热点话题频出，网络舆情主线清晰、支线繁杂，舆情热度全年保持高位运行。

　　有研究称，2018年，改革开放形成具有"中国底色"的网络社会思潮。① 改革开放40周年庆祝活动在全国上下如火如荼地开展；《深化党和国家机构改革方案》对外公布，党和国家机构改革有了时间表、路线图；博鳌亚洲论坛、上海合作组织峰会、中非合作论坛以及中国国际进口博览会，四场主场外交活动陆续成功举办，中国以更加积极主动的姿态扩大对外开放……深情回顾和阔步前行，成为激荡人心的网络舆论主旋律；个人记忆和家国情怀，成为凝聚人心的网络舆论正能量。然而，"民营经济离场论""新公私合营"论调不时在网上泛起，制造认知混乱，值得警惕。

　　2018年，中国经济稳中有变，变中有忧，经济舆情亦处于震荡波动态势。中美贸易摩擦在年底"习特会"前持续升级，伴随多轮贸易谈判、多回合较量，网上舆论热潮迭起。爱国主义情绪被充分激发，民

---

① 争论与演进：作为一种网络社会思潮的改革开放——以2013—2018年2.75亿条微博为分析样本[J].郑雯，桂勇，黄荣贵.新闻记者，2019（1）.

1

族主义和民粹主义情绪也被挑动。在国内，民企债券违约风险暴露、P2P(peer to peer lending)"爆雷潮"、创业明星自杀事件、共享经济退押金风波等风险事件轻松登上主流媒体的经济类热门话题榜单，叠加"国进民退""消费降级"等甚嚣尘上的争论，加剧舆论对我国宏观经济形势、政策、发展的迷茫和担忧。

2018年，社会民生热点依然是网络舆论的焦点。在全社会范围内"火爆"的事件多发，议题多元升级。在电影《我不是药神》、长春长生问题疫苗案件、空姐遭滴滴司机杀害、昆山龙哥被反杀、重庆公交车坠江等热点事件中，围绕财富、道德、公平、正义的感性议题交错产生、持续发酵，给舆论危机防范和化解带来挑战。在社会热点反思成为舆论惯性的背景下，最终将沉淀为集体记忆的主流网络舆论，究竟是在推动社会进步，还是在瓦解社会共识，更值得深入思考。

2018年，网络舆论格局发生深刻变化，推动网络舆论生态持续改善。网易博客停止运营、纸媒关停潮再次袭来、抖音迅猛发展，网络舆论场重心进一步从传统互联网偏向移动互联网，进入"全民刷屏"新时代。各方竞相争夺网络舆论新阵地。传统媒体和新媒体深度融合发展，主动设置议题，创新宣传手段，凝聚舆论共识，推动"两个舆论场"进一步融通。

可以预见，随着综合治网格局逐渐成型，网络生态将持续改善，网络引导舆论、反映民意的作用将进一步凸显，全党全国人民团结奋斗的共同思想基础将更加牢固。

陈志伟

2019年1月

目　录

时政篇

砥砺奋进 40 年

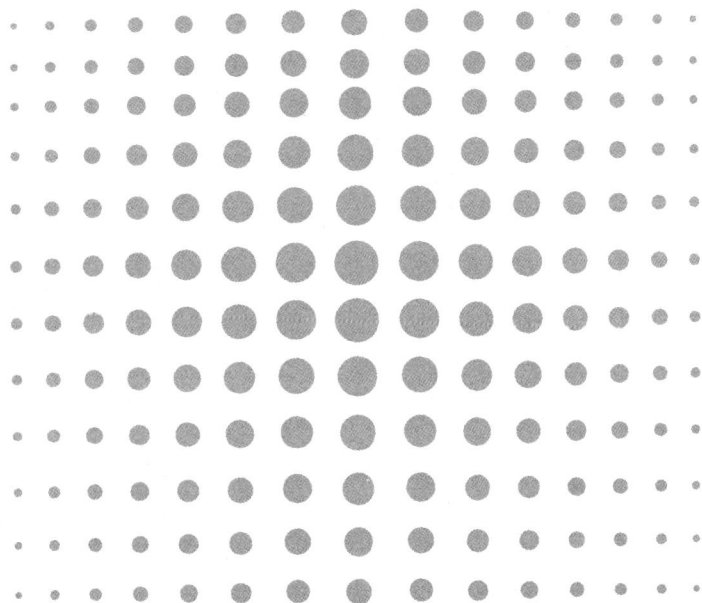

第一章
新时代改革开放：弄潮不避风波险

　　以党的十一届三中全会为起点，中国开启了改革开放的伟大事业。一场东方潮从无到有，从碧波浩渺到波澜壮阔，推动中华民族迎来从站起来、富起来到强起来的伟大飞跃，推动中国特色社会主义迎来从创立、发展到完善的伟大飞跃，推动中国人民迎来从温饱不足到小康富裕的伟大飞跃。2018 年，改革开放事业来到了第 40 个年头，这是一个具有里程碑意义的重要时刻，线上线下的各种纪念庆祝活动异彩纷呈，媒体、机构、专家纷纷回首总结历史经验，希冀从中汲取珍贵营养，不断推动新时代改革开放伟大事业再出发。

第一节　朝花夕拾：改革开放回头看

　　40 年间，中国改革开放事业走过了光辉历程，形成了宝贵经验，成为亿万人民深刻总结的共同事业。纪念庆祝改革开放 40 周年系列活动热烈非凡，回顾历史经典瞬间，呈现若干新旧对比，有利于把吸取历史经验同解决现实矛盾问题结合起来，把充分展示伟大成就同提升人民群众获得感结合起来，从而为推动新时代改革开放事业向纵深发展提供源源不断的强劲动力、新鲜活力。

2018 年 11 月 13 日，中国国家博物馆举办"伟大的变革——庆祝改革开放 40 周年大型展览"，吸引群众踊跃走进展馆感受发展变化，留存时代印记。展出不足 1 个月，累计参观人数就突破百万，群众在 20 个"展览说吧"的语音留言超过 120 万字。技术进步极大丰富了观展方式的可能性，数字化网上展馆在中央广播电视总台央视网同步上线，生动呈现展览全貌。网上展馆内容包括 154 张场馆全景图、2163 张展板图片、218 个视频、34 个解说音频与歌曲，以及 1510 个图片与视频热点。广大网民通过电脑、手机也能身临其境，网上展馆上线 5 天点击浏览总量突破 4300 万次。①

12 月 18 日，庆祝改革开放 40 周年大会隆重召开，将纪念活动热潮推向最高峰，呈现举国同庆的盛况。网络大数据监测发现，2018 年以来网上庆祝改革开放 40 周年有关消息多达 120.2 万条，其中新闻报道 17.7 万条、论坛 1727 条、微博 53.0 万条、微信文章 46.5 万篇、新闻 APP 2.6 万条、境外信息 3.3 万条，广大网民争相通过各种社交渠道表达对于改革开放 40 周年的纪念和期盼之情。

网上庆祝改革开放 40 周年有关话题之所以能够达到全民关注之盛况，主要得益于博鳌亚洲论坛年会、中非合作论坛峰会、中国国际进口博览会、庆祝改革开放 40 周年大型展览、庆祝改革开放 40 周年大会等重大活动推动境内外舆情阶段性走高。

---

① 伟大的变革——庆祝改革开放 40 周年大型展览现场参观人数突破百万.人民网.http://politics.people.com.cn/n1/2018/1207/c1001-30448158.html.

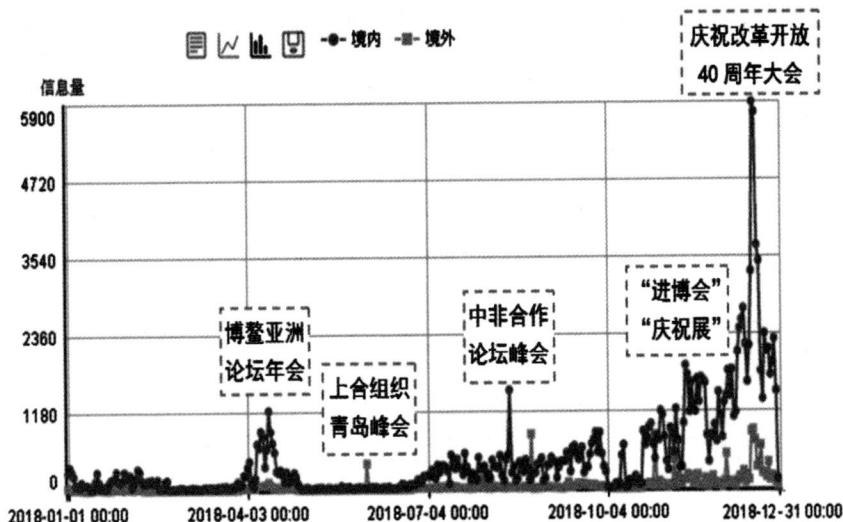

图 1-1：庆祝改革开放 40 周年境内外舆情态势对比图

一方面，中央媒体持续加大报道力度，不遗余力策划宣传，从多维度展现各领域持续推进全面深化改革、扩大开放的生动实践，有效带动报道态势持续升温。中央媒体同步开设庆祝改革开放 40 周年专栏，《人民日报》引领读者探寻改革开放地标，从"深圳故事"讲起，接着分别报道各个省市区，如"小岗村纪实""晋江经验"等，还开展"百城百县百企调研行"，重温改革开放往事，展现各地各部门争当改革开放弄潮儿的时代足迹。《光明日报》推出特刊致敬改革开放 40 年的奋斗者，讲述各领域人才从"赶上时代"到"引领时代"的奋斗之路。《经济日报》从经济金融领域落笔，持续推出一批采访报道和新媒体产品，从企业家专访的角度传递信息、反映心声。《解放军报》《科技日报》《农民日报》《工人日报》等从各自领域讲述身边人"春天的故事"，呈现全方位发展成就。

另一方面，新媒体则发挥容量大、表现形式多样、语言轻松活泼等优势，在媒体融合大潮中创新、扩展叙事方式方法，围绕庆祝改革开放40周年"百家争鸣"。新浪微博热门话题"改革开放40周年"累计阅读量达到30.3亿，微博网民围绕"惟改革者进，惟开放者强，惟改革开放者胜"留下精彩留言356.4万条。"你的奋斗终将伟大""改革先锋100人"等子话题热度纷纷过亿，正能量满满爆棚。人民网《理论》《旅游》等频道均依托自身定位开设专栏，找寻别样的落脚点，通过人民网手机版、人民网法人微博、人民视频APP等多个端口输出。新华网客户端以普通群众、身边故事的微观视角，如"农村改革第一村""乌镇40年"等，集中反映乡镇、村庄、学校的沧桑巨变，并通过"影像录""绘成就""好声音"等多种形式进行描绘，用大量视频、图片细数春风化雨般变化。部分新媒体还在抖音、梨视频等时下深受年轻人喜爱的短视频平台开通账号，一次次用短、巧、精致的视频歌颂改革开放40周年，取得良好效果。

回望过去，立足当下，一组组数字的鲜明对比足以令人倍感震撼，更加生动、直观地展现改革开放的伟大成就无处不在。[①]

1978年，中国GDP总量仅占全球的1.8%，今天已占到15%，成为世界第二大经济体，对世界经济增长的贡献率超过30%。

1978年，中国人均GDP仅385元人民币，今天已接近1万美元，是名副其实的中等收入国家。

1978年，恩格尔系数高达60%以上，今天的恩格尔系数已降至29.3%，老百姓将收入的大头用来满足日益增长的美好生活需要。

1978年，中国的民用汽车拥有量仅135.84万辆，今天的汽车则"飞入寻常百姓家"，"私家车"拥有量已超过1.8亿辆，数百万辆新能源

---

① 任仲平:亿万人民的共同事业——纪念改革开放40周年.人民日报.

汽车正在加速推广应用。

1978年，贫穷还是大多数中国人共同面对的敌人，艰苦奋斗在"贫穷不是社会主义"的落后时代。今天的中国，中等收入群体已达3亿多人，巨大的消费潜力正转换为经济高质量发展的动力，迈入"决胜全面建成小康社会"的伟大时代。

1978年，全国科学大会为科技工作重新定调，作出科学技术是第一生产力的重要论断，科学工作者迎来春天。今天，科技强国、质量强国、航天强国、网络强国、交通强国、数字中国、智慧社会都被写入党的十九大报告，创新驱动发展战略方兴未艾，"科学的春天"欣欣向荣。天宫、蛟龙、天眼、悟空、墨子、高铁、大飞机等重大科技成果相继问世，航天科技"可上九天揽月"，深海技术"可下五洋捉鳖"，大数据、云计算、人工智能、量子通信等技术"部分领跑"，迎来"弯道超车"的历史机遇。40年间，一系列宏观微观贯通、顶天立地结合的"大国重器"硕果累累，一项项基础前沿、自主可控的核心技术成果非凡，科技强国号角嘹亮响彻，东方大国气象日新月异。

40年改革开放的伟大成就夯实和拓展了中国特色社会主义道路自信、理论自信、制度自信、文化自信，推动中国在经济建设、政治建设、文化建设、社会建设、生态文明建设方面取得伟大跨越。正如中央党校副校长何毅亭所说，"改革开放成就彰显了中国特色社会主义的巨大优越性和旺盛生命力，中国特色社会主义检验和证明了改革开放的历史必然性和强大推动力。"①

---

① 何毅亭:四十年改革开放与中国特色社会主义.学习时报.

第二节　潮起风正：改革开放纠错论

回首改革开放历程，意识形态领域并非风平浪静，有时候暗潮涌动，有时候杂音激荡，尤其 40 周年之际不同认识的碰撞交锋尤为激烈。

2018 年度，网络意识形态领域中质疑、否定改革开放的负面炒作犹如乱潮袭来，"国进民退论""民营经济离场论""新公私合营论""党建工会控制论"等典型错误论调此起彼伏。及时对各种错误论调进行澄清纠正，方能进一步统一思想、凝聚共识，让中国巨轮在狂风骤雨的壮阔之海中无畏前进，至始至终引领潮流，奔涌不息。

民企经营困境引发"国进民退论"泛起。民营企业受经营不善、融资受阻、资金承压、股权质押爆仓等影响，通过转让股权、控制权等方式向国企"投怀送抱"，累计涉及数十家上市民企，导致网络舆论快速泛起"国进民退论"。2018 年 9 月 12 日，某金融业内人士刊文鼓噪，"私营经济完成协助公有经济发展任务，应逐渐离场"，彻底引爆一场"国进民退大讨论"，加剧舆论对民营经济发展前景的悲观、焦虑情绪。叠加社保追缴、马云退休、某大型上市公司CEO刘某性侵等热点事件，"新公私合营论""政经左倾论""企业家跑路论""复辟计划经济论""国家资本主义论""社会主义第二次改造论"等谬论急剧充斥，试图否定、动摇我基本经济制度，冲击、侵蚀改革开放共识。部分网民臆测所谓"试探风向"。典型网民评论包括，"开始舆论吹风了，民营企业家且行且珍惜。""警惕新一场改革运动开倒车。""藏富于国，国进民退。"

国企人才离职导致"体制僵化""人才流失"等讨论兴起。9 月 27日，微信公众号"紫竹张先生"发布文章《离职能直接影响中国登月的人才，只配待在国企底层？》，引用西安航天动力研究所落款文件称，该所研究员张小平的离职给 480 吨液氧煤油发动机的研制带来深层次技术难题，"直接关系重型运载火箭的研制进度"，"影响我国载人登月重大战略计划"。这篇文章为张小平塑造出一副精通技术、业务精湛，却位卑言轻、不受重用、待遇低下的"底层核心人才"形象，引发舆论共鸣。舆论关于国企管理体制僵化、竞争机制缺失、薪酬体系老化、人才流失严重的负面炒作形成"刷屏"之势。微博话题"国企底层员工离职影响登月""离职体现价值"在数小时内立即突破 1000 万阅读量，《国企的迷思：如何留住"张小平"们》《国企亏待了中国航天人才吗》《国企的人才开始跑了》《揭秘航天官僚体制，一个团队一半以上混吃》等文章广泛传播。典型网民留言称，"造原子弹不如卖脸蛋，搞研究不如当明星。""国之重器得不到国之器重，年薪就值 12 万。""越往上越不懂技术，国企就是一派人浮于事的官僚主义作风。"

"民企背锅论"抬头之势日趋严重。部分舆论无视民营经济发展困境，过度苛责、求全责备，出现要求民营企业为经济下行、金融风险"背锅"的言论。当"第二季度私营工业企业资产负债率从 51.6% 提高到 55.8%""国有控股企业 1—8 月利润总额增速较民营企业高出 16.7 个百分点"等数据出现时，部分舆论立即将攻击矛头指向民营经济拖累经济下行。还有观点将股权质押、P2P 爆雷、长租金融化、资产支持证券（Asset-Backed Secarity，简称 ABS）野蛮扩张等经济金融风险统统归责于民营企业，形成声讨围剿之势。"民企背锅论"完全没有认识到民营经济是中国经济发展的活力源泉、创新动能，没有考虑到民营经济更加容易受到经济形势、外部环境冲击，没有充分关怀中小微企业的沉重发展压力。

网络意识形态领域逐渐成为意识形态斗争的主战场，并且斗争形势日趋复杂严峻，这其中既有对过往 40 年发展问题的浓缩反映、过激表达，又夹杂有独特的时代特征。有一些问题过去就有，现在显得更加突出，"改不改"的迷茫、"怎么改"的困惑都诉诸更加极端的质疑、否定。前述"国进民退论""民企背锅论"等几种典型错误论调，曾在不同历史时期披着各式外衣粉墨登场。究其共性，都明显带有严重的"左倾"倾向和陈旧的意识形态影子，将过多焦点置于以公有、私有区分正统、非正统，给民营经济扣上"身份焦虑""政治顾虑"，夸大公私对立，割裂共同发展，对统一改革思想、凝聚改革预期和共识造成巨大冲击。

还有一些问题过去没有，现在借助互联网载体集中浮现，对营造清朗的网络空间造成不良影响。互联网快速发展，网民数量急速增多，新媒体新技术新应用迭代升级，从不同维度推动着各类思想、文化、信息更快、更广传播共享。受此影响，传统媒体效能弱化衰退，多元、多样、多变的网络社会思潮更加容易生成、演变、扩散，网络举报、低俗信息、虚假信息、社会谣言、水军骂战、舆论操纵等不良影响更加容易出现，舆情事故、舆情风险事件更加容易爆发，网络社会动员能力更加抬升社会稳定风险。

习近平总书记说过，"价值先进、思想解放，是一个社会活力的来源。"过去40年，有过一场"真理标准大讨论"打破教条式的理论禁锢，有过一次"南巡讲话"冲破迷雾式的理论枷锁，还有过很多次再回眸、再坚定、再出发。实质上，"争论—统一""再争论—再统一"体现了解放思想是贯穿改革开放始终的主线，不断推动理论创新、制度创新、实践创新。因改革开放而"潮起"，因解放思想而"风正"，磅礴东风助势滚滚潮流。

从潮起小岗村到春雷动浦江，从风起海之南到雄安千年计，不同意见未曾平息过。得益于一轮轮思想碰撞，亿万中国人民的选择无比坚定、共识无比统一。改革开放形成的最基本经验就是，"党的十一届三中全会以来我们党团结带领全国各族人民开辟的中国特色社会主义道路、理论、制度、文化是完全正确的，形成的党的基本理论、基本路线、基本方略是完全正确的。"①

习近平新时代中国特色社会主义思想为网络意识形态领域涤荡杂音、纠正错误、祛除糟粕提供根本思想指引。习近平总书记在全国宣传思想工作会议、全国网信工作会议上的重要讲话深刻剖析了网络宣传舆论工作面临的新形势新任务，为这项工作指明前进方向、提供基本遵循。网络意识形态领域并不是法外之地、域外之所，要旗帜鲜明坚持党管宣传、党管意识形态，建设具有强大凝聚力、引领力的社会主义意识形态，精准把控方向，全面站稳脚跟，着力防范风险。

第三节　领袖足迹：改革开放凝共识

历经 40 年伟大实践的中国改革开放事业步入到不惑之年，淘沙见金，改革不惑。国家、社会层面的不惑，应是在全国、全社会推动形成思想统一于、共识凝聚于、斗志鼓舞于、奋斗团结于中国特色社会主义道路的局面。

回首过往，改革开放大概经历了两个阶段。1978—1991 年，是初始、试点和探索阶段，属于"改革领跑、开放跟跑"。"真理标准大讨论"成功摆脱"两个凡是"的严重束缚，推动全社会形成共识，为包产到户、创办经济特区、发展市场经济等工作扫清障碍。1992—2016 年，是确立完善基本理论、制度、框架的阶段，属于"改革开放齐头并跑"。"南巡

---

① 习近平：在庆祝改革开放 40 周年大会上的讲话.

讲话"从理论上深刻回答一个阶段以来困扰束缚思想的许多重大认识问题,党的十四大报告确定建立社会主义市场经济体制。

第三个阶段开始于党的十九大,这是新时代改革开放再出发的新阶段,"全面深化改革、全面扩大开放"。习近平同志作为党中央的核心、全党的核心,集中全党智慧,围绕全面深化改革、扩大开放进行深入系统的理论思考和判断,发表了一系列重要讲话,深刻阐述了全面深化改革开放的背景、目标、原则、内容、动力、方法及保障条件等,精辟回答了为什么要全面深化改革、怎样推进全面深化改革等重大理论和现实问题,形成了立意高远、涵盖广泛、内容丰富、论述深刻的新时代中国改革开放思想。①习近平改革开放思想,是习近平新时代中国特色社会主义思想的重要组成部分,为推进新阶段改革开放事业提供重要指导方针和根本行动指南。

40周年之际,习近平总书记围绕改革开放,在国内外重大会议、考察、调研、出访等活动时发表系列重要讲话,作出新的重大判断,从历史、全局、战略的高度总结了改革开放光辉历程和宝贵经验,具有时代性、思想性、实践性,为破除新的思想认识问题提供根本遵循。

2018年1月1日,习近平总书记发表新年贺词时讲到,"改革开放是当代中国发展进步的必由之路,是实现中国梦的必由之路。我们要以庆祝改革开放40周年为契机,逢山开路,遇水搭桥,将改革进行到底。"②新年贺词对改革开放的定位起到开篇明义的作用。新华网认为,党的十九大部署一大批力度更大、要求更高、举措更实的改革开放任务,可能遭遇"山重水复疑无路"的困境,必须要有"逢山开路,遇水搭桥"的勇气和智慧,把工作重点放到解决实际问题上来。

---

① 习近平改革开放思想研究.人民出版社.第2页.
② 习近平:2018年新年贺词.

4月10日至11日，习近平总书记在博鳌亚洲论坛讲到，"中国进行改革开放，顺应了中国人民要发展、要创新、要美好生活的历史要求，契合了世界各国人民要发展、要合作、要和平生活的时代潮流。中国改革开放必然成功，也一定能够成功。"①"国际社会各方应当像中国一样，走改革开放、创新发展之路，不能走封闭僵化、保护主义和单边主义的回头路，共同建设亚洲命运共同体和人类命运共同体。"②外媒普遍认为，这番讲话是应对国际经济政治环境深刻变化，应对美国牵头复辟孤立主义、贸易保护主义、单边主义的强力回应。

4月13日，习近平总书记在庆祝海南建省办经济特区30周年大会讲到，"改革又到了一个新的历史关头，推进改革的复杂程度、敏感程度、艰巨程度不亚于40年前。""海南全面深化改革开放是国家的重大战略，必须举全国之力、聚四方之才。"③深圳、珠海、汕头、厦门、海南经济特区曾取得巨大成就，发挥改革"试验田"、对外开放"窗口"的重要作用。未来不仅要在存量上继续发挥特区经验优势，更要在增量上挖掘特区建设新方向、新高度。香港《文汇报》认为，半年来，从中央统筹到部门支持，不同层级、不同场合释放出"举全国之力"支持海南全面深化改革开放的重大信号。④

10月22日至25日，习近平总书记在广东考察时强调，"进入新时代，国际国内形势发生广泛而深刻的变化，改革发展面临着新形势新任务新挑战，我们要抓住机遇、迎接挑战，关键在于高举新时代改革开放旗帜，

① 习近平:开放共创繁荣创新引领未来——在博鳌亚洲论坛2018年年会开幕式上的主旨演讲.
② 习近平集体会见博鳌亚洲论坛现任和候任理事.新华网.http://www.xinhuanet.com/politics/2018-04/11/c_1122666235.htm.
③ 习近平:在庆祝海南建省办经济特区30周年大会上的讲话.
④ 中国最大自贸区 奏响奋进序曲.文汇报百家号.https://baijiahao.baidu.com/s?id=16192773323582777891& wfr=spider&for=pc.

继续全面深化改革、全面扩大开放。"①早在5年前，总书记在党的十八大后外出考察第一站便来到广东，赋予其排头兵、先行地、试验区的定位，要求"改革不停顿、开放不止步"，发出"改革开放再出发"的号召。

11月1日，习近平总书记在民营企业座谈会上讲到，"我国非公有制经济，是改革开放以来在党的方针政策指引下发展起来的。""党的十九大把'两个毫不动摇'写入新时代坚持和发展中国特色社会主义的基本方略，作为党和国家一项大政方针进一步确定下来。""民营经济是我国经济制度的内在要素，民营企业和民营企业家是我们自己人。"②一段时间以来，经济金融领域对民营经济、民营企业的打压、否定、怀疑言论聒噪风靡。中国新闻网认为，总书记就民营经济发声的密集程度堪称罕见，尤其是在民营企业座谈会上的讲话及时送上了"强心剂""定心丸"，传递出中央力挺信号，起到廓清迷思、拨云见日的效果，③至此各种错误论调可休矣。

12月18日，习近平总书记在庆祝改革开放40周年大会提到，"改革开放铸就的伟大改革开放精神，极大丰富了民族精神内涵，成为当代中国人民最鲜明的精神标识。""全面深化改革总目标是完善和发展中国特色社会主义制度、推进国家治理体系和治理能力现代化……推出1600多项改革方案，啃下了不少硬骨头，闯过了不少急流险滩，改革呈现全面发力、多点突破、蹄疾步稳、纵深推进的局面。"④央视新闻网认为，改革开放走过千山万水，仍需跋山涉水，总书记的重要讲话吹响新时代改革开放的新号角，为将改革开放进行到底提供科学的理论指南和思想灯塔。

---

① 习近平:高举新时代改革开放旗帜把改革开放不断推向深入.
② 习近平:在民营企业座谈会上的讲话.
③ 罕见密集发声 习近平为民营经济发展注入"强心剂".中国新闻网.http://www.chinanews.com/gn/2018/11-02/8666375.shtml.
④ 习近平:在庆祝改革开放40周年大会上的讲话.

第二章
全面深化改革：革故鼎新谱华章

2018年，随着党和国家机构改革方案的全面启动，全面深化改革进入了新阶段。有评论称，这一年，中国人民逢山开路、遇水架桥，按照习近平总书记的布局，奋战在将改革进行到底的征途上。改革路上的艰辛换来了累累硕果。中央全面深化改革委员会部署的78个重点改革任务和其他80个改革任务基本完成，中央和国家机关有关部门还完成171个改革任务，各方面共出台329个改革方案。涉及广大民众切身利益的改革事项引发了广泛关注，其中，机构改革、"放管服"改革、供给侧结构性改革获得极高关注度。

第一节　机构改革：又踏层峰望眼开

作为上层建筑，机构职能体系是中国特色社会主义制度的重要组成部分，它需要不断适应社会生产力发展和经济基础变化而不断改进和完善。①2018年全国"两会"前后，党和国家机构改革成为舆论热议焦点。各类网络媒体紧跟相关进展，网上关注度持续上升。

在机构改革方案出台之前，社交网站上流传着多个版本的"官方方

---

① 深刻理解深化党和国家机构改革的重大意义.求是网.http://www.qstheory.cn/du-kan/qs/2018-04/15/c_1122669882.htm

案"，如"中央国家机构改革和职能调整方案""新的国务院改革方案：组成部门由原来的 27 个减少为 18 个"等。有网民留言，"一看就是假的，因为有很多过时的机构名称。"然而，这些文章在微信、微博等平台上病毒式传播。有评论认为，"内幕消息"的热传，体现出民众对"新时代，新机构"的热切期盼。

2 月 28 日，十九届三中全会闭幕的当日，新华社授权发布《中国共产党第十九届中央委员会第三次全体会议公报》。媒体兴奋地关注到：公报中透露出深化党和国家机构改革方案的重要内容。微信公众号"侠客岛"分析认为，这次机构改革冠以"党和国家"的名义，涉及党、政府、武装、群团四个方面，比以往限于国务院系统、政府系统的机构改革，广度、深度和影响要大得多。

几天后的 3 月 4 日，中共中央公布关于深化党和国家机构改革的决定。消息引发境内外舆论高度关注。境内《人民日报》《中国日报》等媒体纷纷刊文，典型标题如《深化党和国家机构改革的新里程碑》《站在更高层次上把握党和国家机构改革》《深化党和国家机构改革是关系我国现代化事业全局的深刻变革》等。境外"法广中文网""德国之声"、英国"路透中文网"、新加坡《联合早报》等网站也纷纷报道或评论，典型标题有：《中共的党政机构改革有哪些要点》《大陆部门改革　是必要手段或仅是例行循环》等。

作为全国"两会"的重要议程，3 月 13 日，国务委员王勇向十三届全国人大一次会议作关于国务院机构改革方案的说明，一度成为"两会"期间的最热话题。各方总体认为，国务院机构改革方案"大刀阔斧"、针对性强、思路升级，有利于集中部门权责、提高施政效率。大数据分析显示，对于国务院机构改革，舆论主要聚焦与人民群众生活密切相关的税收、生态环境、自然资源、农业农村、市场监管、应急管理、文化旅游、退役军人等机构设置和职能调整。

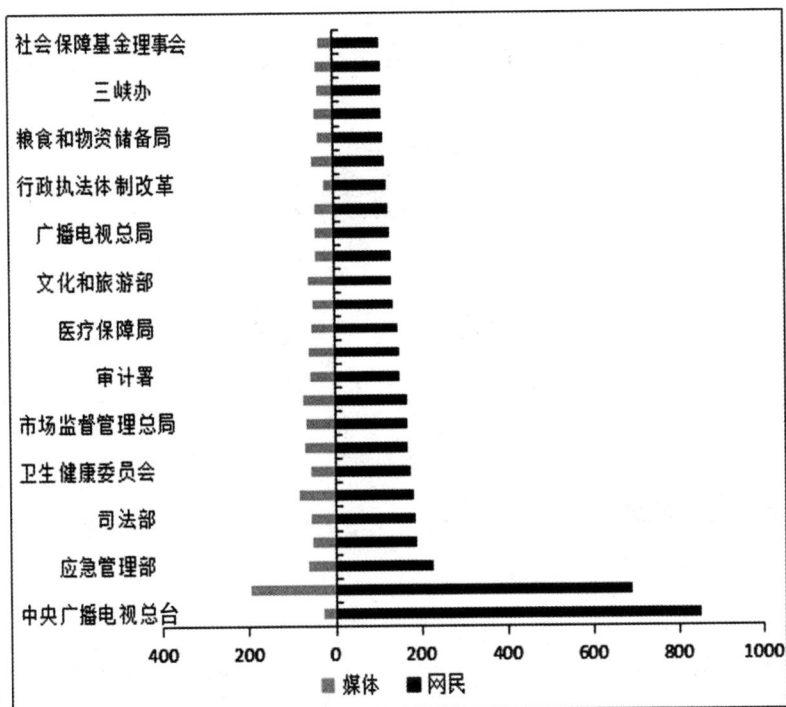

图 2-1：舆论聚焦话题

　　3 月 21 日,深化党和国家机构改革方案全文对外公布,将舆情热度推至峰值。《财新周刊》等媒体欣喜地发现,改革从党、人大、政府、政协四套班子,以及行政执法体制、跨军地、群团组织、地方机构改革等八个方面着手,具体改革内容 60 条,力度之大远超预期。《时代周刊》刊文称,党和政府机构改革是全面深化改革的重要组成部分,也是推动政府进一步转变职能的难得契机。媒体报道标题中纷纷选用"前所未有""力度空前"等词汇,来表达赞赏之情。而大数据平台分析显示,境内舆论对改革方案满意度也呈现较高水平,负面态度占比仅 3.55%。

舆论普遍认为，"国家的机构改革畅通了政令、简化了程序，极大地提高了效率。"

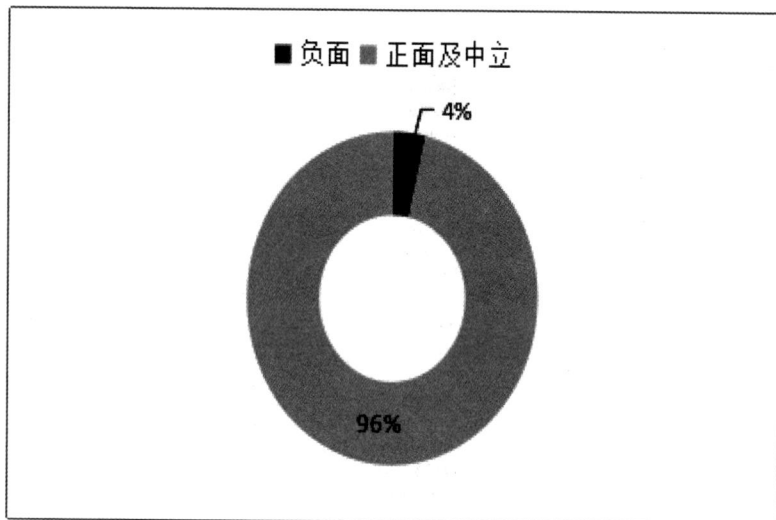

图2-2：境内舆论情感分布图

《中国日报》《经济日报》等媒体关注到，海外舆论也持续高度关注中国机构改革。例如，法国国际问题专家让·麦克·达尼埃尔认为，此次机构改革显示出中国正步入发展新阶段与新征程，展现了中国政府在新时期继续推动各层级改革的坚定决心，将为中国由高速度增长转向高质量发展奠定坚实基础。韩国成均馆大学中国大学院教授安玉花认为，这次机构调整顺应了新时代的工作要求和新时代的发展趋势。

值得注意的是，如潮的舆论中也不乏误读和曲解。新华网注意到，从1982年到2018年，国务院机构一共集中进行过八次改革，其间有些部门机构也出现过"反复"。于是有人认为机构改革是"合久必分、分久必合"，是"翻烧饼"，有些人误以为机构改革是简单地做"加减法"。甚至有网民称，"新官上任三把火，第一把火一定是人事变动，古代叫一朝天子一朝臣，现代的包装名词叫机构改革。"

伴随着中央及地方的机构改革落地，种种猜疑不攻自破。

相关机构设置和职能配置调整按照党中央确定的"规划图""施工图"和"时间表"，进入紧锣密鼓的"机构改革进行时"。

中央全面深化改革委员会等"新委员会"陆续召开第一次会议，主要成员首次亮相，工作规则纷纷出台；国家卫生健康委员会等国务院机构职能配置、内设机构和人员编制规定陆续公布；11 月 11 日，随着《上海市机构改革方案》获批，31 个省份的省级机构改革方案全部获中央批复同意；2018 年底，绍兴、杭州、锦州等地市的机构改革方案也抢先出炉。

改革落地情况赢得舆论高度评价。媒体认为，从公布的方案看，这轮涉及范围广、职能调整深刻的机构改革正在有条不紊地展开。人民网评论指出，把中央全面深化改革领导小组改为委员会，是健全党对重大工作领导体制机制的一项重要举措。"小组"变"委员会"让涉及到党和国家事业全局的重大工作在"统"上更有层次和力度、在"行"上更加有序和有效。新华网解读指出，深改委第一次会议审议了两份重要报告，并且一连通过 15 个改革方案。这样的力度和节奏在此前数十次中央深改组会议中也是十分罕见的。《每日经济新闻》关注到，在全面完成中央"规定动作"同时，各地亦因地制宜，不乏让人眼前一亮的"自选动作"。比如，营商环境一直是东北经济振兴一大痛点，此次机构改革，东北三省都不约而同作出相关机构调整：辽宁成立省营商环境建设局；黑龙江组建省营商环境建设监督局；吉林则组建省政务服务和数字化建设管理局，其职责之一正是优化营商环境建设。再比如，浙江新组建省大数据发展管理局，负责推进政府数字化转型和大数据资源管理等工作。事实上，包括吉林、浙江在内，山东、安徽、广西、重庆、福建、广东、贵州、河南及陕西等11个省份，都已组建与"大数据"有关的机构，主动适应数字信息技术发展。

根据《深化党和国家机构改革方案》，"省以下党政机构改革，由省级党委统一领导，在2018年年底前报党中央备案。所有地方机构改革任务在2019年3月底前基本完成。"作为此轮改革的"下篇"，地方机构改革的持续推进备受关注。各方期待中央的"上篇"纲举目张，地方的"下篇"执本末从，啃下最硬的骨头，拆掉最牢的藩篱，在2019年3月底前基本完成地方机构改革任务。

第二节 "放管服"改革：壮士断腕以全质

作为上届政府"开门第一件事"，"放管服"改革始终是舆论关注的话题。2013年，新任国务院总理李克强在两会场合回答的第一个记者提问，便是如何推进简政放权，加快转变政府职能。李克强总理当时表示，"我们要有壮士断腕的决心，言出必行，说到做到。""壮士断腕"一词迅速走红，被视为政府改革攻坚决心的最佳形容。网上公开资料可见，自2013年以来，"放管服"改革取得了令人瞩目的成就——承诺五年内国务院部门行政审批事项压减三分之一，实际上仅用两年就实现了这个目标；全面清理453项非行政许可审批事项，让"非行政许可审批"这一概念成为历史……2018年，"放管服"改革进一步深入推进，持续成为网上舆论热点话题。网上舆论纷纷称赞，随着"放管服"改革的落地，企业营商环境显著优化，人民群众办事明显便利。

在2018年政府工作报告中，李克强总理在回顾过去五年的工作时指出，简政放权、放管结合、优化服务等改革推动政府职能发生深刻转变，市场活力和社会创造力明显增强。同时，将深化"放管服"改革继续列入2018年政府工作重点。由此，"放管服"改革一度成为两会期间的代表委员、媒体记者等各界关注的焦点。

而在两会闭幕后的中外记者见面会上，中国日报社记者专门针对"放管服"改革的目标、方法等向总理提问。总理回应称，要继续推动改革，为市场主体优化营商环境，为人民群众提供办事便利。总理特别就放宽市场准入提出"要做到'六个一'"，即企业开办时间再减少一半；项目审批时间再砍掉一半；政务服务一网办通；企业和群众办事力争只进一扇门；最多跑一次；凡是没有法律法规规定的证明一律取消。总理的表态引发了境内外舆论强烈的反响。

英国路透社用《中国总理回应外界热点关切 简政放权不放松 政府"奶酪"继续动》为题报道这一改革承诺。"六个一"的形象表述成为媒体评论的焦点。《新京报》刊文称，今年要在"六个一"上下硬功夫，释放了"放管服"改革加码的决心。"六个一"于细微之处释放改革红利。中国政府网刊文称，面对"放管服"改革这一"老问题"，李克强总理给出了"新答案"。"六个一"表面看似简单，实质上刀刀"伤筋动骨"，是不折不扣的"刀刃向内"自我革命。《中国新闻周刊》梳理李克强总理在记者会上带来了8个好消息，包括了放宽市场准入的"六个一"。

6月28日，李克强总理主持召开全国深化"放管服"改革转变政府职能电视电话会议，深入总结近年来改革成效，分析存在的问题，部署当前和今后一个时期"放管服"改革重点工作。一个多月后，《全国深化"放管服"改革转变政府职能电视电话会议重点任务分工方案》便公开发布。《人民日报》等媒体点评，36 项改革任务，全部列出路线图、时间表，明确了谁牵头、谁负责，充分显示出"放管服"改革攻坚深水区的责任担当。

7 月 25 日，中国政府网公布消息：为深入推进简政放权、放管结合、优化服务改革，加快政府职能深刻转变，国务院决定将国务院推进职能转变协调小组的名称改为国务院推进政府职能转变和"放管服"改革协调小组，作为国务院议事协调机构。有评论认为，机构更名意味着，"放管服"改革的重要性进一步凸显，相关改革工作也更加聚焦。事实上，2018 年，"放管服"改革有力推进，成效显著，不负众望。

大数据分析显示，全面实施市场准入负面清单制度、"证照分离"扩容提速为代表的商事制度不断完善、减税降费红利深度释放、第四次修正《专利法》、政府监管更趋规范化精准化智能化等方面的举措受到境内外舆论高度关注。舆论普遍肯定 2018 年改革成效显著，大幅提高营商便利度，极大振奋企业发展信心。

表 2-1：2018 年最受舆论认可的二十大改革举措

排名	改革举措
1	市场准入负面清单 2018 年版发布，"非禁即入"普遍落实
2	外商投资准入特别管理措施缩减至 48 条，在 22 个领域推出新开放举措
3	推行"双随机、一公开"
4	小微企业、个体贷款利息收入免征增值税门槛由 100 万元提到 500 万元
5	围绕知识产权保护等开展中国营商环境评价
6	扩大享受优惠的跨境电商零售商品范围，新增群众需求大的 63 类商品
7	全面实施外资注册"一口办理"，登记备案"单一窗口、单一表格"

排名	改革举措
8	调整运输结构提高运输效率，降低实体经济物流成本
9	完善政策确保创投基金税负总体不增
10	大幅压缩企业办理纳税时间，不动产登记、抵押登记压缩至 15、7 日内
11	进出口环节验核证件将近减半，推进铁路运输货物无纸化通关
12	研发费用加计扣除比例提到 75% 的政策由科技型中小企业扩至所有企业
13	政务服务"一站式"、涉税业务"通办"、套餐式集成服务等大范围推广
14	压减工业产品生产许可证 1/3 以上并简化审批
15	对社保基金和基本养老保险基金有关投资业务给予税收减免
16	大力推动降电价，10% 降幅目标
17	对第一批上百项涉企行政审批事项推进"照后减证"
18	出口退税率由七档减为五档，降低 1585 个税目工业品等税率
19	建设国家"互联网＋监管"系统
20	全面实现货车年审、年检和尾气排放"一次检测、一次收费"

得益于政府的简政放权，我国营商环境在国际评价报告中进步明显。2018 年 7 月，世界知识产权组织发布《2018 年全球创新指数报告》显示，中国国际排名从 2017 年的 22 位升至 17 位，首次跻身全球创新指数 20 强。世界知识产权组织总干事高锐评价称，中国的表现是报告中最为突出的内容。10 月 31 日，世界银行发布最新《2019 年营商环境报告》，将中国营商环境在全球的排名一次性提升 32 位，从上期的第 78 位跃升至第 46 位。11 月 20 日，世界银行联合普华永道发布的《2019 年世界纳税报告》显示，中国纳税环境改善明显。

境内外舆论普遍认为，改革直击企业"难点""堵点""痛点"，有力增强了企业发展信心和竞争力。世行全球指标局高级经理丽塔·拉马略盛赞中国在开办企业、办理施工许可证、获得电力、纳税、跨境贸易等七个类别的改革"令人惊叹地快速且有效"。

另一方面，"放管服"改革是否到位，一个重要标准是看它能否为群众生活及办事增便利。2018年，越来越多的地区和部门将"一网、一门、一次"作为推进阳光政务建设、提升政务服务效能的重要手段。百度搜索发现，湖北武汉、福建龙岩、河北石家庄等多地的群众发现，在政府部门办事非常方便，政务服务更加有"温度"，前些年的网红词汇"奇葩证明"已经淡出公众视野。

第三节　供给侧结构性改革：破旧立新降成本

自2015年底中央经济工作会议提出着力加强供给侧结构性改革以来，3年多的改革给中国带来了深刻变化。2018年，关于供给侧结构性改革捷报频传，改革效果进一步显现。

作为去产能的两个"老大难"产业，钢铁和煤炭在2018年迎来了去产能的新阶段。

"再压减钢铁产能3000万吨左右"的年度任务一经公布即引发热议。华尔街见闻网认为，2018年，随着中低端产能的退出以及"地条钢"的取缔，钢铁行业的去产能正式进入了深水区。完成3000万吨的目标是钢铁行业面临的最大挑战。兰格钢铁研究中心主任王国清也认为，"越往后化解难度更大"。《经济观察报》称，2018年，一场围绕着钢铁去产能大考即将到来。

2018年12月初，中国钢铁工业协会发布消息称，我国钢铁行业去产能任务已基本完成，过去3年全国去掉过剩产能1.5亿吨，同时打掉1.4亿吨地条钢。央广网、新浪、腾讯、搜狐等门户网站，上海有色网、中国矿权资源网等行业网站纷纷在要闻版块刊载相关消息。

去产能令钢铁行业生态大幅改善。央视网报道，中国钢铁工业联合会副会长迟京东透露，全国钢铁行业明显呈现稳中向好的态势，1到10月，全国生铁和粗钢产量分别为6.45亿吨和7.82亿吨，同比分别增长1.7%、6.4%，钢铁行业的经济效益明显好转，实现了稳中向好的目标，创造了近20年来，钢铁效益最大最好的一年。

1月5日，国家发改委在官网公布了《关于进一步推进煤炭企业兼并重组转型升级的意见》。"煤炭业和电力业均将此事件视为煤、电两大行业供给侧结构性改革的风向标事件。李克强总理在政府工作报告中明确2018年煤炭去产能目标1.5亿吨，受到媒体热议。人民网、新华网、中国网、中国经济网、中国新闻网等媒体纷纷报道或转载，"煤炭去产能"再次成为"两会"热词。

《21世纪经济报道》援引多位行业分析人观点，认为相比于此前预计的1亿吨左右的煤炭去产能目标，2018年的去产能目标高于预期，而且，相较于2016、2017年，2018年去产能阻力将较大。《上海证券报》也认为，称此前退出产能中绝大部分是"僵尸企业"和长期停产企业，产能清除相对容易。而目前在运行的煤企多为央企、国企或省国资管理，对于落后产能的淘汰和置换完成度较高，2018年将真正拉开煤炭去产能攻坚大战。中研网援引业内专家观点称，当前煤矿除了江西、湖南、四川等地区的小煤矿亏损外，其他地区绝大部分矿井仍处于盈利状态，企业去产能动力不足。

也有机构对此持乐观态度。中国财经信息网认为，2018年计划煤炭去产能目标与2017年目标相同，符合市场预期；前瞻产业研究院也观察到，2018、2019年的去产能属于增减挂钩的结构化去产能，落后产能退出的同时先进产能也在加速释放。

事实胜于雄辩。岁末年初，《中国能源报》等行业媒体盘点全年任务完成情况时发现，根据已公布的相关数据，截至2018年12月19日，山西退出煤炭产能2330万吨、河北退出1401万吨、黑龙江退出1279万吨、内蒙古退出1110万吨、贵州退出1038万吨。此外，河南、陕西、甘肃、山东、江西、广西、福建等分别退出煤炭产能超百万吨。上述省份均已完成2018年既定目标。煤炭科学研究总院煤炭战略规划研究院副院长吴立新认为，2018年完成1.5亿吨的煤炭去产能目标毫无悬念。

7月12日，国资委介绍中央企业2018年上半年经济运行情况：上半年，中央企业累计实现营业收入13.7万亿元，同比增长10.1%，实现利润8877.9亿元，同比增长23%，双双拿下历史同期最好记录。尤其是今年6月份当月实现利润2018.8亿元，同比增长26.4%，创历史单月最高水平。

媒体纷纷以《央企"史上最好"半年成绩单出炉》《上半年央企成绩单亮丽》为题进行关注。《21世纪经济报道》援引中国企业研究院首席研究员李锦的观点：利润增速比营收增速高了12.9个百分点，说明央企确确实实走向高质量发展，尤其是中央工业企业利润增速高达33.9%，其增利额占央企利润增量的78.6%，说明了我国经济脱虚向实确有成效，正处于实现十九大报告期待的经济由高速增长阶段转向高质量发展阶段。《每日经济新闻》记者发现，央企成本费用压降成效明显，对2018

年上半年央企利润增速提振产生了重要作用。

2018年，供给侧结构性改革取得斐然成绩的同时，也引发了很多争议。

清华大学国情研究中心管清友刊文梳理供给侧改革以来中国经济的得与失。管清友认为，改革也存在一些事与愿违的地方，如地产去库存导致核心城市房价暴涨，资产泡沫化风险加大；行政去产能叠加环保常态化，推动中上游产品价格上行，侵蚀下游利润；国有企业受益于去产能垄断溢价明显，对民营企业有一定的"挤出效应"，等等。东方财富网等媒体则注意到，2017年之后，中国供给侧结构性改革由煤炭、钢铁领域扩大至电解铝等行业。然而，对比钢铁行业的整体性回暖，电解铝企业仍面临大面积亏损的局面。

尽管改革过程中暴露出一些问题，但对供给侧结构性改革的总体肯定却是舆论共识。人民网评论指出，推进供给侧结构性改革，是以习近平同志为核心的党中央在全面分析国内经济阶段性特征的基础上，给出的调整经济结构、转变经济发展方式的治本良方。2018年12月19日至21日召开的中央经济工作会议更坚定指出，我国经济运行主要矛盾仍然是供给侧结构性的，必须坚持以供给侧结构性改革为主线不动摇。

舆论普遍认为，未来，按照中央经济工作会议的要求，深化供给侧结构在"巩固、增强、提升、畅通"八个字上下功夫，我国经济高质量发展之路就一定会越走越宽广。

第三章
全面扩大开放：百花齐放春满园

"前事不忘，后事之师。"自古以来，中华民族充满开放精神，始终以"天下大同""协和万邦"的宽广胸怀对待民族交往和文化交流，丝路长歌传颂大汉文明，万国衣冠呈现盛唐气象。近代以来，封建统治者的闭关锁国、夜郎自大带来了百年屈辱。改革开放40年的实践，重复验证一条历史真理：开放带来进步，封闭必然落后。全面扩大开放，用特色大国外交争取主动，用降低市场准入门槛吸引外资，用优化营商投资环境留住外资，用主动扩大进出口实践人类命运共同体新理念，为实现中华民族伟大复兴的中国梦缔造出长期稳定良好的国际环境。

第一节　特色大国外交：用主场外交谱写新精彩

近40年以来，中国外交政策始终坚定不移地奉行和平共处五项原则，其基本内涵从"反对霸权主义、维护世界和平"，[①]不断丰富为"推动建设相互尊重、公平正义、合作共赢的新型国际关系"，[②]核心目标就是要为实现中国梦创造和平的国际环境和稳定的国际秩序。但在过去一年多时间里，中美关系突然间阴云密布，网络舆论场关于"中美贸易战

① 党的十二大报告.
② 党的十九大报告.

长期化、常态化""中美新冷战""中美汇率战、科技战、金融战、生物战、局部战争"等观点都占有一席之地，仿佛外部环境一朝变天，使构建中美新型大国关系的努力蒙上阴影。

2018年12月1日，中美两国元首时隔一年再次相聚，双方一致同意停止升级关税等贸易限制措施，官方对此定调为"会晤十分成功"，多数舆论解读为"贸易战停火90天"，可谓及时涤荡了"山雨欲来风满楼"的波诡云谲，暂时平息了"旌蔽日兮敌若云"的剑拔弩张。

中美谈判大门为何重启、路向何方？中国对外开放怎么办？这或许可以从2018年重磅推出的四大主场外交中找到答案，从博鳌亚洲论坛年会、上合组织青岛峰会、中非合作论坛峰会和中国国际进口博览会承载的中国特色大国外交的伟大实践中找到答案。

博鳌亚洲论坛年会

2018年4月10日，年度首场主场外交落户海南，博鳌亚洲论坛年会如期而至。

博鳌亚洲论坛是首个将总部设在中国的国际会议组织，成立至今已17余载，为凝聚各方共识、深化区域合作、促进共同发展、解决亚洲和全球问题发挥独特作用。[①]全球政界、商界、学术界和媒体界知名人士齐聚博鳌畅所欲言，60余场深度讨论涌现真知灼见，为建设"开放创新的亚洲、繁荣发展的世界"共襄盛举，汇聚"博鳌力量"，贡献"博鳌智慧"。

网络大数据监测显示，习近平总书记在博鳌年会的主旨演讲获得舆论高度关注，舆论盛赞此番演讲金句频出、字字千金，如"中国改革开

① 为亚洲和世界提供"博鳌智慧".人民网.http://www.rmlt.com.cn/2018/0404/515720.shtml.

放必然成功""妄自尊大或独善其身只能四处碰壁""成功属于勇敢而笃行的人"等改革宣言响彻环宇，国际合作"3 点希望"情真意切，扩大开放"10 件大事"铿锵有力。

图 3-1：博鳌亚洲论坛关键词云图

再次回到中美贸易摩擦的视角，在博鳌年会召开前一周，美国酝酿多时后打出狠招，公布针对中国 1300 余项产品共 500 亿美元的关税清单。中美经贸摩擦事关中美关系稳定发展的基础，事关国际秩序稳定发展的全局，美国的先发制人也使得博鳌年会"火药味十足"，倍受境内外舆论关注。很多境外媒体解读认为，习近平总书记有一部分演讲内容是对愈演愈烈的中美经贸摩擦的"微妙回应"，旨在表明中国坚定捍卫核心利益的决心坚如磐石、始终如一，同时强调和平发展、携手合作、开放融通。

英国《金融时报》中文网、德国之声中文网、日经中文网等外媒提到，习近平总书记的重要讲话"宣布了新的经济改革和市场准入措施，以微妙方式回应美国及其他贸易伙伴的怨言，同时不表现出屈从于外国压力。""虽没有正面提到中美贸易战，但提出的措施正好回应数月以来美国对中国贸易的批评。""既避免对保护主义的明确指摘，又含蓄批评特朗普政府的态度。"

除了释放信号，博鳌年会还带来一篮子实实在在的开放措施，舆论盛赞大幅放宽市场准入、创造更有吸引力的投资环境、加强知识产权保护等措施构成对外开放路线图。境内外舆论一致肯定，首场主场外交旋即奉上具有里程碑意义的政策礼包，打响"开门红"，是一场"全面放开限制""力度远超预期""由点到面、由浅到深的全方位开放"。这些措施充分显示中国对外开放政策与美国贸易保护主义有着根本不同，为抵御全球贸易壁垒风险、强化国际开放合作坚定信心。

博鳌年会还宣布支持海南岛逐步探索、稳步推进中国特色自由贸易港建设，分步骤、分阶段实现"一岛一港"，舆论翘首期盼"中国开放看海南"。2018年10月16日，国务院正式发布《中国（海南）自由贸易试验区总体方案》，海南自贸试验区建设的定位愈发清晰，既被摆在了扩大开放"试验田""新高地"的重要位置，又是通过内部改革对冲中美关系负面影响的重要一招。从地理角度看，海南岛环视太平洋、印度洋，整岛3.54万平方公里全域性试点，假以时日将成为新一轮改革开放的最前沿。

上海合作组织青岛峰会

2018年6月9日，山东青岛，碧海蓝天、风景如画，世界目光聚焦在中国第二场主场外交上海合作组织青岛峰会。

上海合作组织历经风霜、茁壮成长17年，在扩容吸纳印度、巴基斯坦后，有多达8个正式成员国、4个观察员国。上合组织涵盖了全球40%的人口，拥有超过全球30%的经济规模，是世界上人口最多、面积最大的地区合作组织，在维护区域安全稳定、加强全方位合作等方面发挥的作用愈加突出。

网络大数据监测显示，上合青岛峰会的舆论关注度极高，会议召开期间网上共有25万条相关信息，包括1.59万条新闻报道、22.5万条微博等。上合青岛峰会灯光焰火表演以及会议进入重要议程，推动舆论走势出现2个波峰。从关键词云图看，合作、文化、贸易、关税等词最受关注，凸显对该组织突破传统安全合作的期许。

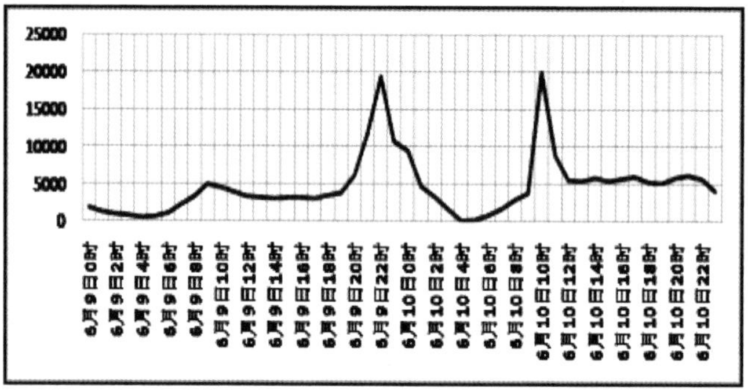

图 3-2：上海合作组织青岛峰会舆情态势图

图 3-3：上海合作组织青岛峰会关键词云图

俄罗斯塔斯社、巴基斯坦《新闻报》等成员国媒体纷纷刊文称赞中俄、中巴友谊坚固，解读各自心目中的"上海精神"。外媒认为，中国通过规模不断壮大、影响力不断扩大的上合组织，有力维护并塑造了周边安全、经济、人文合作的"基本盘"。德国《新德意志报》认为，随着接收印度和巴基斯坦成为成员国，上合组织获得全球影响力。日本NHK世界台表示，上合组织成为维护地区安全、促进共同发展、改善全球治理的重要力量。

上合青岛峰会取得丰硕成果，给上合组织发展历程注入流光溢彩，赋予"上海精神"崭新记忆。正如习近平总书记在欢迎致辞上勾勒那般，未来发展愿景是"儒家文化""和合理念""上海精神""帆船之都"等关键词的完美组合，上合组织不仅要在安全、经济、人文等合作领域取得丰硕成果，还要在机制建设方面迈出历史性步伐。

立足安全合作，逐步向全方位、多领域合作发力，上合组织构建起不结盟、不对抗、不针对第三方的建设性伙伴关系，树立了相互尊重、公平正义、合作共赢的新型国际关系典范。尤其是中国和俄罗斯两个大国，其背靠上合组织形成的合作实践、结成的深厚友谊，为新型国际关系内涵写下注脚。梳理美国伍德罗·威尔逊国际学者中心、布鲁金斯学会、卡耐基和平基金会等智库观点发现，美国学界高度重视中俄日益紧密的伙伴关系，认为近年来中俄合作的推动力超越制动力，且可能长期合作下去，日益凸显出联手对抗美国的意愿。这些国际顶尖学者建议，美国外交政策要适应中俄合作带来的全球权力平衡变化，采取分化措施。

年中正是中美经贸摩擦的窗口期，中美双方在第一轮加征关税产品清单正式生效前摩拳擦掌，而特朗普同时忙于"金特会"，在此期间召开的上合组织青岛峰会可谓正当其时。一些典型网民留言为理解上合组织青岛峰会的重大意义提供有趣且有深度的解读，网民称，"大国是关键，周边是首要，关键点出了问题，就要从首要点找补。""打打停停也许是中美关系未来新常态，对美国既不能彻底疏远对立，也不能让其觉得离不开他,不妨让子弹飞一会儿。""美国虽强,并非无所不能;上合稍弱,却是前景无限。"

中非合作论坛北京峰会

2018年9月3日,第三场主场外交中非合作论坛北京峰会顺利召开。

本次中非合作论坛是历史上举行的第三次峰会,50余位非洲国家领导人、27个国际和非洲地区组织、非盟委员会主席、联合国秘书长齐聚北京,峰会规模之大、规格之高、议题之重要在国际跨区域领导人会议中实属罕见。[①]"海内存知己,天涯若比邻。"得益于北京峰会,中非合作发展蓝图绘就铺开,中非人民福祉绵延久远。

网络大数据监测发现,中非合作成为境内网民高度关注的热门话题,多数网民称赞中非合作论坛是南南合作典范和携手实践人类命运共同体的最佳平台,让"一带一路"倡议开花结果,有助于推动非洲减贫/扶贫事业,并带动中非文化交流蓬勃发展。

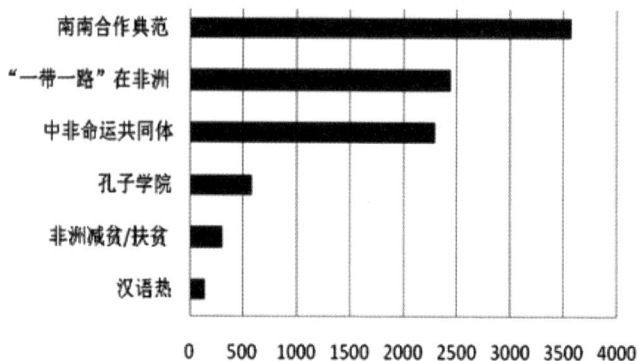

图 3-4:涉非洲正面话题网民关注度

①团结 智慧 勇气——习近平主席主持中非合作论坛北京峰会.人民网.http://politics.people.com.cn/n1/2018/0906/c1024-30274765.html

与此同时，也有少数网民不满中国对非经济援助过多"撒币"。部分外媒借机炒作，明嘲暗讽中国对非实行"新殖民主义"，导致"破坏非洲环境""加剧债务风险""掠夺珍稀资源"等问题。

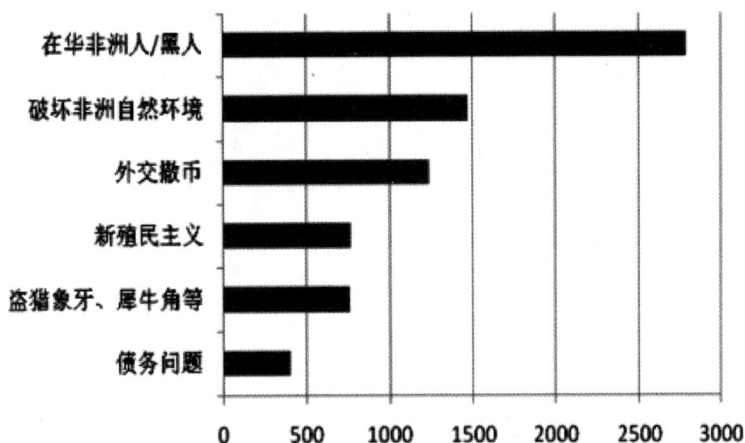

图3-5：涉非洲负面话题关注度

中国借助中非合作论坛北京峰会顺势开拓出对外开放的一片广阔"新大陆"。人民网等媒体盘点习近平总书记的主旨讲话发现，十大高频词分别是："合作"61次，体现鲜明主题；"发展"39次，十八大以来，总书记曾前后4次踏上非洲大陆，"中非发展"就一直是强调的关键词；此外还包括"支持"28次、"人民"20次、"行动"14次、"和平"13次、"命运共同体"12次、"青年"10次、"时代"9次、"绿色"6次，均有深刻寓意。

多项承诺、计划为中非合作带来更多机遇，造福更多中非人民。中国保利集团总经理张振高等认为，一系列产业促进政策与贸易便利方面的务实举措实现中非各自优势和需求更好对接。阿里巴巴合伙人赵颖关注数字经济，认为中非建立电子商务合作机制极富战略远见，相关机制将为非洲电子商务业务发展创造更好的环境。外交学院非洲研究中心主任李旦认为，未来中方同非洲国家密切配合，重点实施"八大行动"，合作领域更广、主体更多元、路径更创新，更突出贸易便利化、绿色环保等时代主题。

在当前反全球化倾向加剧、贸易保护主义抬头的大背景下，中非合作与发展是中国外交工作奏响的美妙乐章，是对时代命题提出的"中国方案"，将为构建人类命运共同体创造新典范、新经验。

中国国际进口博览会

2018年11月5日，第四场主场外交中国国际进口博览会在上海落下帷幕。

虽无美国捧场，这场盛会仍吸引到172个国家和地区的3600余家企业参展，包括"一带一路"沿线58个国家的1000余家企业。英、法、德、意、澳、加、日等美国盟友几乎倾巢而出，一张张合作共赢的订单频频落地，一项项立足未来的战略合作纷纷达成。

网络大数据监测发现，网上涉及中国国际进口博览会有关消息共5.4万条，其中有新闻报道4.8万条，近九成消息通过媒体渠道传播，舆情高峰集中在上海进博会召开时段。

通过办成国际超一流进口博览会，中国再次诠释了"改革不停顿、开放不止步"的决策部署，并找到与生机勃勃的中国经济深度对接、交融的桥梁纽带。这就是，让"中国需求"无缝对接全球商品服务，便利其他国家搭乘中国发展快车。数据统计，上海进博会期间，有80余万人进馆洽谈采购、参观体验，意向成交额达到578亿美元，其中智能及高端装备展区成交额高达165亿美元。中国一改"出口大国"的刻板形象，崭新呈现自身同时是一个"进口大国"，实现"开放中国"与世界共赢。

这次会上，长江三角洲区域一体化发展首次上升为国家战略，未来五大区域发展战略齐头并进，构筑中国经济继续腾飞的基石。武汉大学区域经济研究中心吴传清教授等专家认为，当前中国经济下行压力较大，通过跨区域、大区域协调发展，可以在更大范围内进行资源优化配置，提高经济发展的效率和质量，对扩大内需、支撑全国经济发展会起到重要作用。有网民留言称，"各大区域组建起一支中国经济足球队，上海及长三角是前锋，大湾区是右边锋，京津冀是左边锋，武汉郑州是中场，成渝是后卫，可攻可守，进退有据。"

上海进博会成功树立起中国的"进口大国"形象，凸显"内需强国"的战略思路，表明中国应对变幻莫测的国际形势的政策储备体系十分强大，进一步撬开了缓和中美经贸摩擦的突破口。

主场外交势必倾举国之力、全民之智，得益于博鳌亚洲论坛年会、上合组织青岛峰会、中非合作论坛峰会、中国国际进口博览会连续释放对外开放的坚定信心、便利政策，更得益于元首外交不可估量的重要作用，中美大国关系博弈虽未转向，战略相持阶段虽远未结束，但缓和甚至结束这一轮经贸摩擦已初现转机。

第二节　市场准入门槛：用重大举措展现新气象

对外开放首先要解决好打开大门、降低门槛的准入限制问题，坚持"打开国门搞开放"，稳步有序地推进全方位、多层次、宽领域、高质量开放。倘若没有"引进来"，就谈不上优化营商环境、保护知识产权，更遑论借此激发市场竞争、优化产业结构、创新活力。"全方位开放未来的运作，大致上将开放三大市场：物质产品市场、服务业市场、投资市场。"①

物质产品市场

物质产品市场方面释放了四项重点计划，包括降低国际产品进入中国市场的准入条件；降低从汽车到日用产品等的关税比例；海南岛建成自贸岛；上海成立永久性进口贸易博览会。其中，第一项计划是构筑整个开放性物质产品市场的基础。

跨境电商是国际产品进入中国市场的重要平台载体，近年受益于监管政策持续宽松，其发展掀起一股蓬勃壮大的热潮。数据统计，2017年海关跨境电子商务管理平台验放商品总额达到902.4亿元人民币，其中进口为565.9亿元人民币，同比增长120%。2018年1—8月，验放进口商品总额接近2017年全年水平。

每年的"黑色星期五"，原本只是受美西方国家热捧的专属购物狂欢日，但现在这一日子越来越受中国人追捧。国内跨境电商顺势掀起采购战，帮助老百姓买到货真价实的洋货搭建起跨海越洋的通途。网易考拉把全球工厂店作为差异化竞争策略，将触角延伸到海外供应链，10小时销售额就超过2017年"黑五"全天；天猫国际以旗舰店为主体展开促销活动，盒马鲜生等阿里系其他新零售渠道配合展开线上线下营销；京东全球购、苏宁海外购、小红书、聚美优品等也争相发力。

外国人有"黑五"，中国人也有专属的"双十一"。2018年"双十一"的全网销售额高达3143亿元人民币，而"黑五"仅仅有62.2亿美元（约合428亿元人民币），两者差距十分悬殊。不仅如此，中国网民除了是"双十一"的绝对主力，还逐渐在"黑五"大显身手。"黑五

---

① 中美贸易摩擦怎么看怎么办.东方出版社.第259—260页.

中国化"是中国消费全球化的缩影，折射出消费者对全球优质产品的需求愈发旺盛，海外品牌对中国消费市场愈发重视，国际产品进入中国市场的道路是一片坦途。

跨境电商的繁荣离不开监管措施的大力扶持，从2016年4月8日开始实施的跨境电商零售进口新政，围绕调整关税、正面清单、通关单三项内容提供政策便利，并连续两次延长监管过渡期至2018年年底。2018年11月28日，商务部等六部委联合印发《关于完善跨境电子商务零售进口监管有关工作的通知》，明确了过渡期后暂时对跨境电商零售进口商品按个人自用进境物品监管，这一强力信号让不少跨境电商"松了一口气"。监管层与行业正在形成共识，将跨境电商进口商品定义为"个人物品"并按跨境电商综合税进行征税，有利于形成相对比较长期的、稳定的预期，引导行业良性健康发展。

政府对跨境电商发展所持的开放包容、扶持呵护的态度，能够放大至整个物质产品市场，以小见大，通过系列重大举措展现新气象。

服务市场

服务市场方面，最为引人瞩目的莫过于放宽银行、证券、保险等金融服务行业的外资股比限制，加快保险行业开放进程，对外资金融机构放宽设立限制、扩大业务范围，拓展中外金融合作。

中银国际CEO李彤等众多市场人士认为，2018年是中国新一轮金融开放的元年。政策效果快速显现，对境内金融机构的影响总体上优势大于劣势、合作先于竞争。随着A股占MSCI新兴市场指数的权重有望提升、获得富时罗素指数纳入，以及"沪港通""深港通""沪伦通"稳步推进，瑞银证券、招商证券等多家券商预测2019年A股将吸引数千亿元外资流入。有的外资机构作为股东入股到银行、保险机构，有的设立法人或分支机构，有的业务量较过去有较大幅度增长。如富达利泰投资、瑞银资管、富敦投资等16家外资完成私募管理人登记，发行的私募基金数量达到25只。数量众多的保险机构大踏步进入中国市场。如德国安联保险集团获得官方批准，预计将在2019年成立中国首家外资保险控股公司；富卫人寿保险(百慕大)公司、英国保诚保险、加拿大太阳人寿、法国安盛集团等跃跃欲试。

同时，也有担忧声音提到，不同类型的金融机构所面临的机会和挑战截然不同，大型金融机构可能更多地面临业务层面的竞争，中小型金融机构除了面临业务调整，可能还要面临来自外资的收购与兼并。

部分负面影响或提前释放值得重点警惕，应着眼于及时防范化解新的金融风险落地。2018年第二、三季度，境内外资本对我金融市场预期出现两极分化、"内冷外热"。与境内投资人信心脆弱、情绪恐慌、抛售观望形成鲜明对比，境外投资人果断把握抄底机会，对股市、债市核心资产大举扫货，趁机操盘、控盘，或引发核心资产旁落外流风险。一旦外资以价值投资、长期投资为幌子参与投机炒作，规避有效金融监管，放大杠杆逐利，大肆"收割韭菜"，或将引发新一轮金融市场动荡。阿根廷、东南亚等国前车之鉴历历在目。

投资市场

投资市场方面，最主要的措施是修改、精简外商投资准入负面清单，提升投资自由化水平。近年来负面清单模式取得巨大的成功，充分发挥"一张单子、一条边界"的规范作用，和"单子瘦身、开放提升"的引导作用。

2013 年 9 月 29 日，上海自贸试验区揭牌时开创第一张清单，设立之初为 190 项，五年来已大幅降低至 45 项。

2018 年 6 月，国家发改委、商务部对外发布面向境外投资者的《外商投资准入负面清单（2018 年版）》。该版清单更多在"全面"上着墨，高度契合外资管理体制更加开放、灵活、高效的改革方向，从汽车、船舶、飞机到金融、铁路客运、加油站，系列举措亮点纷呈。中国宏观经济研究院对外经济研究所副研究员李大伟等认为，大幅放宽汽车等高附加值产品制造业的市场准入，有利于直接增加高档汽车等高质量产品的供给，推动上下游本土企业加大研发投入和创新经营理念；大幅放宽物流、专业服务等生产性服务业领域，有利于将外资企业在服务环节的优势和本土企业在加工制造环节的优势有机融合。

2018 年 12 月，国家发改委、商务部又联合印发《市场准入负面清单（2018 年版）》，标志着中国对境内外投资者全面实施市场准入负面清单制度，实现"全国一张清单""国家统一标准"。同月，外商投资法草案提请十三届全国人大常委会第七次会议初次审议，有望成为外商投资领域的基础性法律。

下一步，全方位开放投资市场的重点工作是继续推动负面清单落地，在全国范围内复制和推广自贸试验区先行先试的摸索和经验，推动"非禁即入"普遍落实，并在农业、采矿业、制造业等行业和电信、教育、医疗、文化等领域加快有序开放进程。同时，还要在建立负面清单动态调整机制、清理清单外审批事项、消除不合理或歧视性准入条件等问题上精准发力。

清单越小、开放越大，限制越少、红利越多。中国官方近年来坚持推动负面清单修订工作，充分彰显全方位开放的坚决态度和积极行动，向国际社会传递新一轮对外开放的决心毫不动摇，脚步绝不停滞。

第三节　营商投资环境：用优惠政策营造新氛围

2018 年，中国政府有一项重点任务贯穿全年，即优化营商投资环境工作。制度建设、措施落地的成效显著，以货真价实的政策支持和服务企业发展作为出发点和落脚点，获得舆论好评。

网络大数据监测显示，2018 年营商环境有关话题的舆情热度贯穿全年，共形成 4 次高峰：一是年初，亚布力阳光度假村董事长毛振华雪地控诉度假区管委会，引起轩然大波，"亚布力刷屏拷问政商关系"等负面评论急剧升温。国务院新年首次常务会议聚焦优化营商环境，推高舆情热度，形成首轮高峰。二是两会期间，《政府工作报告》提出"不断优化营商环境"，代表委员纷纷建言献策，形成阶段性舆情高峰。三是年中，中美经贸摩擦升级，诱发内外资企业担忧情绪上升。中国政府随即出台系列应对举措，进一步增加舆情热度。四是 11 月初，世界银行营商环境报告出炉，中国优异表现引起境内外舆论高度赞扬，舆情到达年度最高峰。

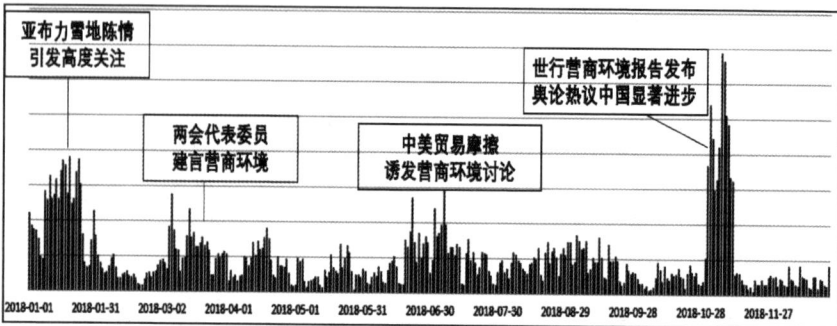

图 3-6：营商投资环境网上舆情态势图

网民普遍对 2018 年优化营商投资环境工作持肯定褒奖态度，认为有关举措大幅提高营商便利度，极大振奋境内外企业发展信心。对比 2017 年、2018 年网民情绪分布图发现，2018 年持正面态度及中立态度的网民占 97.38%，较 2017 年提高 3.82 个百分点。

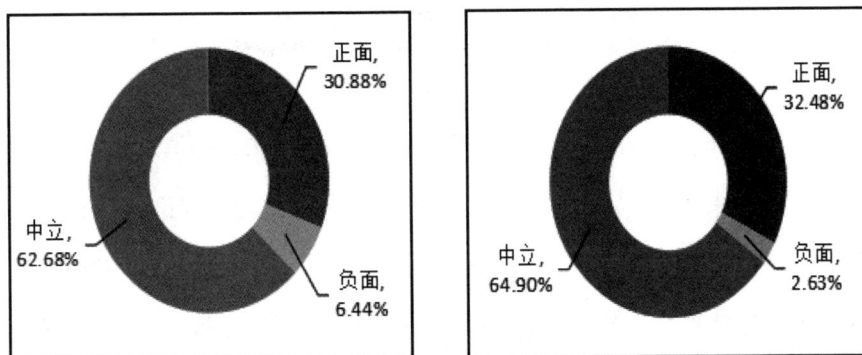

图 3-7：2017 年、2018 年网民情绪分布图

世界银行、普华永道等权威机构相继发布研究报告，从外部视角历数中国对外开放以来在优化营商投资环境方面取得的巨大进步。总的看，近年一篮子优惠政策成功营造一派吸引外资踊跃来华的新氛围，推动营商投资环境朝向更加公平、透明、便利的方向前进。

2018 年 10 月 31 日，世界银行发布的《2019 年营商环境报告：为改革而培训》显示，中国营商环境排名从 2017 年的第 78 位上升到第 46 位，大幅改善 32 位。世界银行全球指标局高级经理丽塔·拉马霍盛赞，中国在开办企业、办理施工许可证、获得电力、纳税、跨境贸易等七个类别的改革"令人惊叹地快速且有效"。尤其是开办企业仅需 9 天，排名第 28 位，与经济合作与发展组织（Organization for Economic Cooperation and Development，简称 OECD）高收入国家持平。

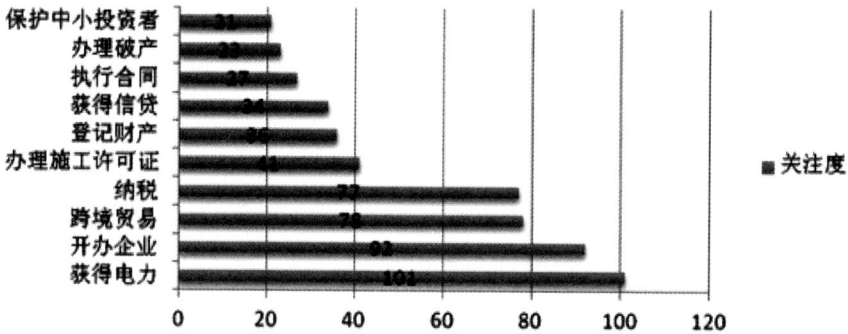

图 3-8：世行《营商环境报告》的舆论关注领域

境外媒体高度关注中国营商投资环境排名显著提升，取得"具体而明显"的成果。英国《金融时报》中文网等认为，在过去一年里，中国在减少事务性程序和繁重监管方面取得了重大进展。同时，也有外媒担忧中国经济正在面临的外部环境变化或带来诸多不确定性挑战，对各种确定性预期的期盼显得更加迫切。

11月20日，世界银行联合普华永道发布《2019年世界纳税报告》，比较2017年全球190个经济体的纳税环境，结果显示中国在"总税率和社会缴纳费率""纳税时间""纳税次数""报税后流程指数"各项关键指标均取得明显进步，纳税环境大幅改善。

数据统计，2017年全球平均总税收和缴费率为40.4%，纳税时间为237小时，纳税次数为23.8次，报税后流程指数为59.5。2004—2017年，中国的总税收和缴费率从82.8%降至64.9%，纳税次数从37次降至7次，纳税时间从832小时降至142小时。尽管总税收和缴费率指标仍高于全球平均水平，但中国在纳税时间、纳税次数、报税后流程指数上均要明显优于全球平均水平。

中国纳税指标改善得益于减税降费、国地税合并、税收数字化等政府举措，随着改革深入推进，面向外资的税收营商环境将持续优化。《经济日报》等内媒解读，深化增值税改革、个税法修订等一系列减税降费政策密集实施，及时回应社会关切，显示出国家坚定推进减税降费的决心。

2018 年来，还有很多国际组织、跨国企业、境内机构发布多项重磅调查报告，充分佐证中国优化营商投资环境工作取得长足进步。

譬如，联合国贸易和发展会议发布的《2018 世界投资报告》《全球投资趋势监测报告》显示，2018 年上半年，全球外国直接投资总额约 4700 亿美元，比 2017 年同期骤降 41%，而同期中国吸收外国直接投资逆势增长 6%，成为全球最大的外国直接投资流入国。全球外国直接投资出现十分脆弱的增长，而中国对外开放的大门只会越开越大，这一庄严承诺给了许多外国投资者巨大的鼓舞。

联合国世界知识产权组织发布的"2018 年全球创新指数"显示，中国位列第 17 名，成为首个跻身全球前 20 名的中等收入经济体。

上海美国商会进行的一项调查显示，有 34%的受访者认为中国对外资企业的政策有所改善，较 2017 年高出 6 个百分点。

美国通用电气发布的"全球创新风向标"显示，中国创新环境得到普遍认可，超越德国跻身全球前三。

《经济观察报》发布的《2018 全球商业领袖调查报告》显示，跨国公司对中国的投资意愿十分强烈，有 85%的跨国公司选择未来 3 年增加在华投资，认为物联网和大数据会在中国快速发展。

另一方面，也有部分调查报告提醒，中国持续推进营商投资环境优化还有很大的进步空间。如中国政法大学法治政府研究院发布的《法治政府蓝皮书：中国法治政府评估报告 2018》显示，一级指标"营商环境的法治保障"平均得分为 34.70 分，平均得分率为 57.83%，没有达到及格线，营商环境法治化水平堪忧。此外，"一刀切"式执法屡禁不止，产业发展面临地方保护，企业融资难、融资贵，政策落地面临"最后一公里"困局等诸多问题亟待解决。

第四节　主动扩大进出口：用实际行动实践新理念

2018 年，美西方国家相继发起"中兴事件""华为孟晚舟事件"，先后酝酿或出台限制性投资审查法案，"技术孤立主义"倾向愈演愈烈。

美西方国家的"技术孤立主义"

2018 年 4 月，美国商务部对中兴通讯公司进行严厉制裁，成为当时中美贸易交锋的焦点事件。这一事件深深触动国人内心深处对核心技术和设备长期受制于人的"痛点"。关键技术瓶颈缺少根本突破、供应链关键环节"卡脖子"的现实狠狠抽了我们一巴掌。事实上，"中兴事件"的深远影响远未消散，以此为标志，美西方国家对我核心技术产品进出口管制变本加厉。

2018 年 11 月，美国商务部工业安全署出台一份出口管制框架方案，泛化国家安全概念，将管制范围扩大至生物技术、人工智能和机器学习技术、定位导航和定时技术、微处理器技术、先进计算技术、数据分析技术、量子信息和传感技术等 14 类关键技术。紧随其后，欧盟各成员国及欧洲议会的谈判代表就《欧盟外资审查法律框架草案》达成共识，进入最后立法阶段。欧盟新草案将限制外国投资能源、交通、通信、数据、太空和金融等关键基础设施，以及半导体、机器人和人工智能等关键科技，未来还会扩大至水源、卫生、国防、媒体、生物科技和食品安全领域。

2018年12月1日，美国、加拿大暗中搭台唱戏，配合抓捕、试图引渡华为首席财务官孟晚舟，实际上是对"中兴事件"故技重施，遏制中国5G建设之心昭然若揭。美国、澳大利亚等国还多次以国家安全审查为由调查华为公司，百般阻扰其主导5G建设，甚至公然进行全面封杀，部分措施已被欧盟、加拿大、新西兰、日本、韩国等国效仿。中美关系研究中心主任陈琪认为，虽然"孟晚舟事件"很多细节尚不清楚，但大环境已非常清楚，华为出口的5G产品招致美西方国家的反对和警告，再加上中美之间技术争夺战的矛盾，针对高科技领域进行战略遏制的意图非常明显。

美西方国家正在掀起一场"史上最严的科技禁运"，对关键技术实行"全供应链国家安全审查"，政策步调惟美国马首是瞻、亦步亦趋。这可能表明，美西方国家针对高科技领域高筑投资壁垒达成了战略共识，协同奉行对外"技术孤立主义"，对我关键技术的封锁、隔离和对重点企业的打压、遏制将成为新常态。

"一带一路"倡议与人类命运共同体新理念

中国通过"一带一路"倡议主动扩大进出口，大力实践人类命运共同体新理念，这与美西方国家的"技术孤立主义"有着根本不同。

"一带一路"倡议提出五年以来，所取得的伟大成就非凡卓著，赢得国际舆论"满堂彩"。在此期间，中国同140多个国家和国际组织签署共建"一带一路"合作协议，一大批重大合作项目落地生根。英国路透社数据统计，"一带一路"倡议经过5年的夯基垒台、立柱架梁，朝向落地生根、持久发展的阶段迈进，中国同沿线国家的货物贸易额累计超过了 5 万亿美元，对外直接投资超过 600 亿美元，为当地创造 20 余万个就业岗位。

网络大数据监测发现，近五年来境内外媒体相关报道及评论普遍肯定"一带一路"带来的正面影响，包括推广中国理念，创新合作模式；促进各国科教文卫等领域交流；出口先进技术，化解过剩产能，推动实现产业升级；缩小区域贫困差距，打造人类命运共同体，等等。在"一带一路"倡议的推动下，一条条高铁线路贯穿东西，一座座水坝电站拔地而起，一项项先进技术互通有无，一个个友谊故事落地生根。

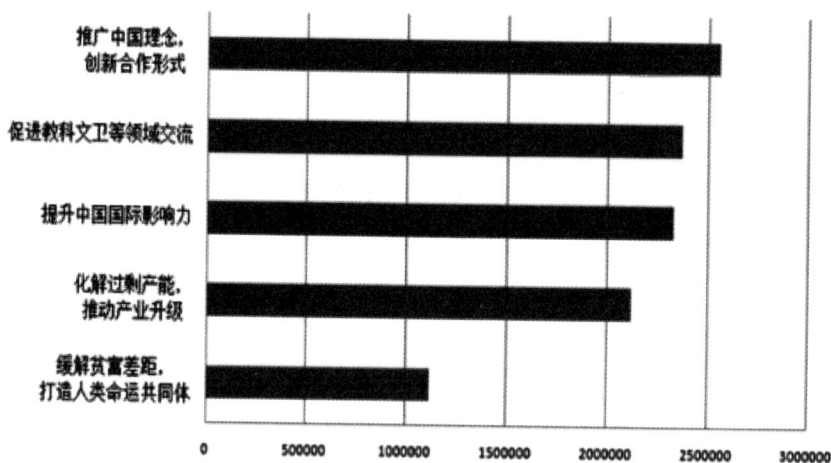

图 3-9："一带一路"倡议相关正面话题关注度

不可否认，"一带一路"倡议在推进过程中会引发一部分负面影响，包括受到多方面因素阻扰，进展缓慢；不满投资资金过多，引发沿线国家债务、腐败；部分境外舆论炒作所谓"新殖民主义"，等等。

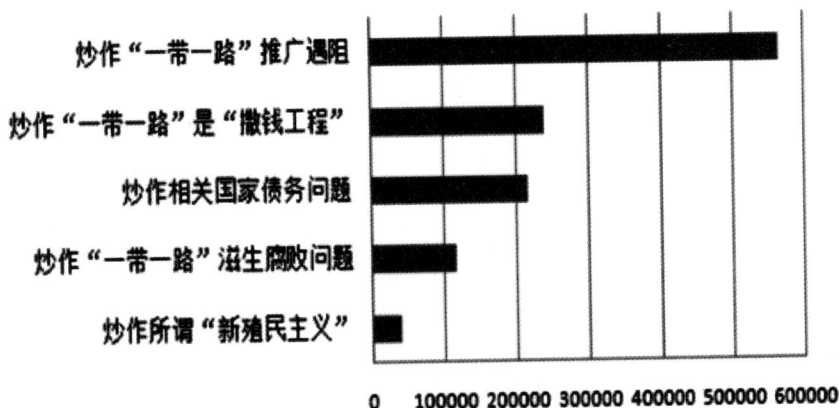

图 3-10："一带一路"倡议相关负面话题关注度

第一个五年阶段，不可避免会走上一些弯路。但随着"一带一路"倡议迈向纵深发展，所有问题都可以在同舟共济、权责共担中迎刃而解，成功开拓出一条链接中国与世界的和平、繁荣、开放、绿色、创新、文明之路。《人民日报》时评写到，"一带一路"建设从理念转化为行动，人类命运共同体理念引发全球共鸣，日益走近世界舞台中央的中国，给既希望加快发展又希望保持自身独立性的国家和民族提供全新选择，为解决人类问题贡献中国智慧和中国方案。

2018 年，习近平总书记一共出访阿联酋、塞内加尔、卢旺达、南非、毛里求斯、巴布亚新几内亚、文莱、菲律宾、西班牙、阿根廷、巴拿马、葡萄牙 13 个国家，几乎每到一国都会亲自推动"一带一路"倡议。正如总书记殷切寄语，中国经济是"开放之海"，真诚希望扩大进出口，用实际行动反对贸易保护主义，打破贸易壁垒，坚定不移发展开放型世界经济，以共建"一带一路"为实践平台推动构建人类命运共同体。

经济篇

在风雨中前行

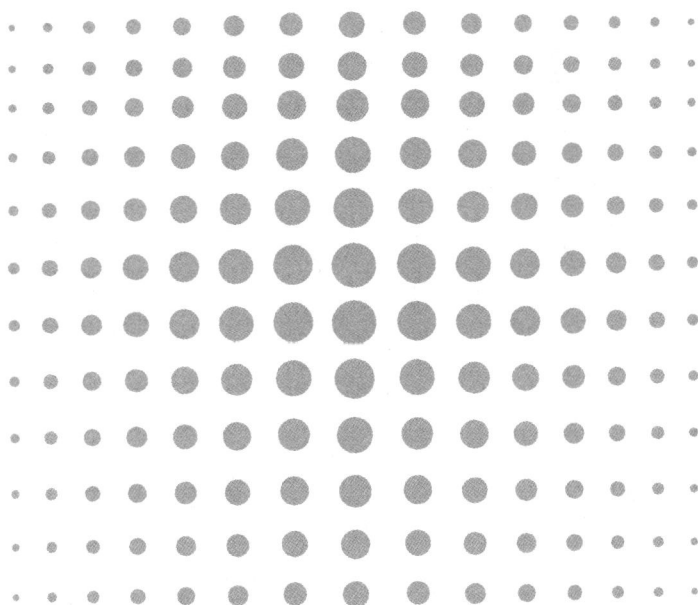

第四章

中美贸易摩擦：乱云飞渡仍从容

2018 年，美国总统特朗普率先挑起对华贸易争端，企图通过极端施压的方式逼迫中国在多领域对美让步，遏制中国崛起。对此，中国沉着应对，边斗争边谈判。史上规模最大的贸易摩擦必然对中国经济造成更多不确定性。2018 年以来，宏观数据、资本市场以及部分行业企业均面临严峻压力。从谈判情况来看，贸易摩擦升级趋势在年底"习特会"后有所放缓，但未来不确定性仍存。中国尚需未雨绸缪，继续修炼内功，提升抵抗风险、应对冲击的能力。

第一节 历程：山重水复

中美关税互斗。一直以来，中国的快速崛起被美国认为是莫大的威胁。这一倾向自特朗普上台后愈发明显。早在竞选期间，特朗普就曾大肆攻击中国，称中国是"敏感的敌人"，抢了美国人的工作，并许诺当选后将发动经贸战争阻止中国。果不其然，2017年8月14日，特朗普签署了行政备忘录，授权美国贸易代表办公室（USTR）对所谓"中国不公平贸易行为"发起调查，这意味着USTR或对中国发起"301"调查；2018年1月11日，美商务部公布进口钢铁对国家安全产生威胁的调查报告；3月8日，特朗普签署命令，对进口钢铁和铝产品分别征收25%和10%的关税。虽然上述行动并非针对中国一国，但一系列行动令中美贸易之间的火药味渐浓。3月22日，基于"301"调查结果，特朗普签署针对中国的总统备忘录，宣布将对中国进口商品征收惩罚性关税，同时限制中国对美直接投资；作为反击，中国3月23日公布了针对美国进口钢铁、铝产品232措施的30亿美元的美国商品征税清单。自此，由美方主动挑起、中方被迫反击的关税战争开始打响，至今已有三个回合鏖战。

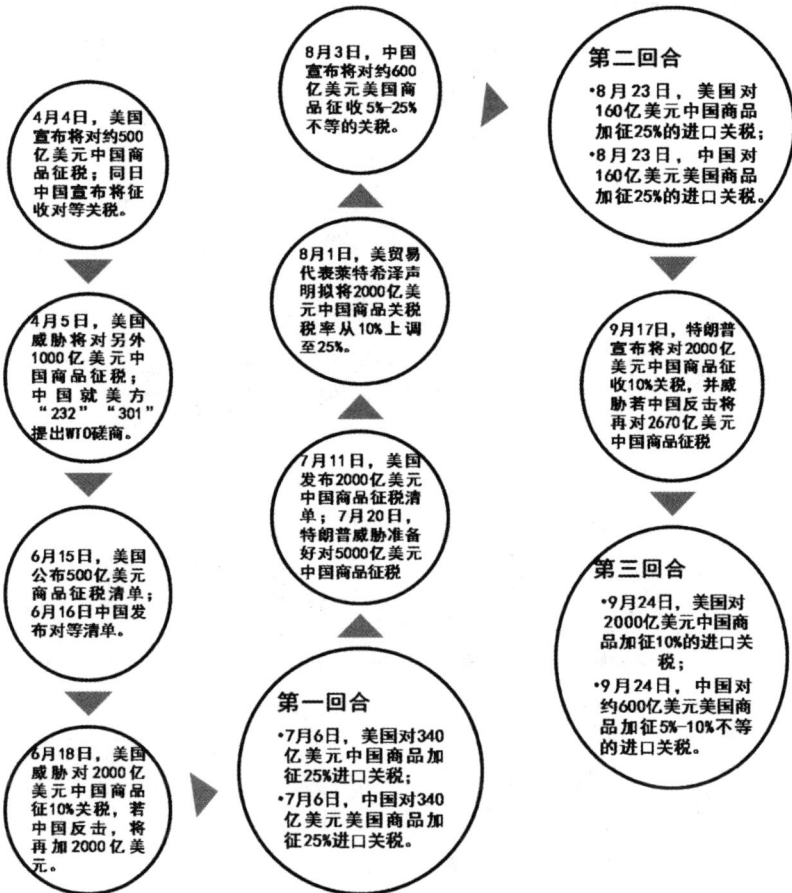

图 4-1：中美三次互征关税

其他领域"围剿"。互征关税仅仅是中美贸易争端的一个大方面，事实上，美国在科技、投资、金融等多个领域对中国打出了"组合拳"。4 月 16 日，美商务部发布对中兴公司的禁售令；截至 2025 年 3 月 13 日，禁止美国公司向其销售任何商品及技术。尽管特朗普 6 月解除了对中兴公司的制裁（代价是 10 亿美元罚款、4 亿美元资金托管和管理层"换血"），但对中国各个领域的封锁愈演愈烈。

科创领域

- 4月16日，美国商务部宣布制裁中兴；
- 4月27日，美国贸易代表办公室公布知识产权《特别301报告》，中国被列为"优先观察名单"榜首；
- 5月24日，美国众议院通过《2019财年国防授权法案》，禁止美国政府采购海康威视、大华、中兴、华为的监控设备；
- 7月2日，美国国家电信和信息管理局阻止中国移动向美国电信市场提供服务；
- 8月1日，美国商务部在原有《出口管理条例》实体清单基础上新增44家中国企业，有关企业的所有交易及合作对象均须受到美国当局的严格审核；
- 10月29日，美国将福建晋华列入出口管制实体清单；11月1日，美国司法部指控其窃取商业机密等；
- 11月19日，美国商务部出台最新技术出口管制先期通知，考虑对14个类别的科技关键领域进行管制，包括人工智能、芯片、量子计算、机器人等。

投资领域

- 6月26日 特朗普称将通过外国投资委员会来加强把关所有国家对美技术投资；
- 8月13日，特朗普签署《2018外国投资风险评估现代化法案》，强化了外国投资委员会的审查权限，并先行列出27项"关键技术领域"，对小于10%的外国投资也将进行审查；
- 10月3日，美国参议院通过《2018年善用投资促进发展法》，计划创建美国国际发展金融公司，每年拟提供600亿美元贷款用于发展中国家的能源、港口等基础设施建设；
- 10月10日，美国财政部宣布将从11月10日起对包括通讯业、半导体等在内的27个行业的外国投资进行更为严格的审查；
- 12月1日，应美国政府要求，加拿大警方在温哥华逮捕华为CFO孟晚舟，或涉违反美对伊禁令。

金融领域

- 7月19日-20日，特朗普接连发布推特，指责中国操控汇率；
- 10月17日，美国财政部发布《国际经济和汇率政策报告》，将中国、印度、日本等6国列入汇率政策监测名单；
- 10月21日，美国财政部长姆努钦表示，对修改汇率操纵国的认定标准持开放态度。

图 4-2：美国相关打击措施

更加危急的是，美国并非单兵作战。在多线程打击中国的同时，特朗普还联合其他国家发起"围剿"。一方面，特朗普"破而后立"，联合多国"另建新群"，构建针对中国的贸易包围圈。自特朗普上台后，美国退出跨太平洋伙伴关系协定（TPP），重启北美自贸协定（NAFTA）谈判，并对欧盟、加拿大、墨西哥、印度等国家和地区均挑起关税战争。"四处开火"一度让美国成为众矢之的，但随着美国陆续和墨西哥、加拿大重新达成新的北美自贸协定，寻求和欧盟、日本、英国展开贸易谈判，再加上美欧日 11 月 12 日联合向 WTO 提交改革方案；可以看出，美国正努力构建一个不包含中国在内的新"自贸朋友圈"。另一方面，美国还同这些国家一起，在投资、科技等领域向我国施压。如美日计划在印太地区实施约 700 亿美元的基建投资计划；澳大利亚宣布为南太平洋几个岛国提供 20 亿澳元基建资金；美国号召多个盟国限制中资参与其国内的 5G 建设；欧盟设置更为严格的外资审查协议；甚至连世界银行都在美国许诺增资 130 亿美元后，承诺将中国划入一个贷款利率更高的新组别。

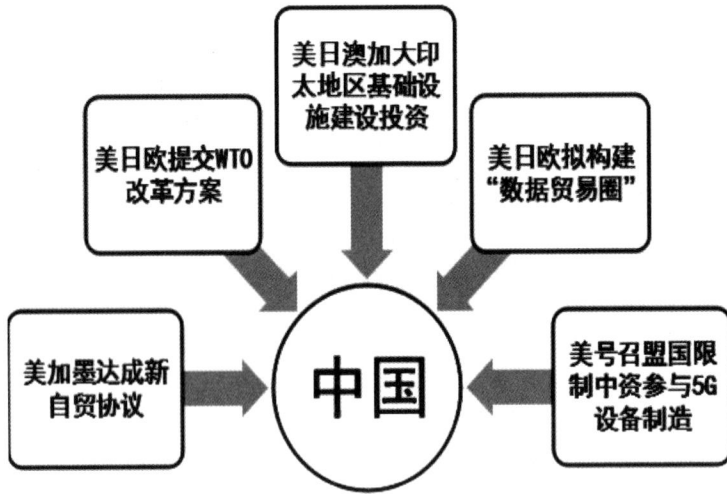

图 4-3：多国联合对抗中国

　　且打且谈判。斗争并非中美贸易摩擦的唯一主线，在互斗的过程中，中美之间还进行了多轮艰苦谈判。其中，在 5 月 2 日至 6 月 2 日的短短一个月里，中美密集地进行了三轮贸易谈判，中方代表为刘鹤副总理，美方代表有财政部长姆努钦、商务部长罗斯、贸易代表莱特希泽等重磅人士。不管是从谈判频率还是代表级别，都可以看出中美两国希望通过谈判解决问题的诚意。但在美国漫天要价、出尔反尔的举动之下，三轮谈判均未取得任何实质性成果，中美贸易摩擦持续升级。8 月份，中美举行第四轮贸易谈判，但副部长级别的谈判团队让外界对谈判结果不抱信心。果不其然，本轮谈判也未取得进展。12 月 1 日，万众瞩目的"习特会"在 G20 峰会期间于布宜诺斯艾利斯举行，在长达两个半小时的会晤之后，中美双方达成停止加征新关税的共识，两国将继续进行相关谈判。

表 4-1：中美贸易谈判历程

时间	地点	谈判代表	谈判结果
5 月 2 日-4 日（第一轮）	北京	中国国务院副总理刘鹤 美国财政部部长姆努钦等	美国漫天要价，双方发布联合公告，但未达成共识。
5 月 15 日-19 日（第二轮）	华盛顿	中国国务院副总理刘鹤 美国财政部部长姆努钦	双方发表联合声明，但 5 月 29 日美国宣布将发布对华关税清单，打破谈判共识。
5 月 30 日-6 月 2 日（第三轮）	北京	中国国务院副总理刘鹤 美国商务部部长罗斯	没有发表联合声明。
8 月 22 日-23 日（第四轮）	华盛顿	中国商务部副部长王受文 美国财政部副部长马尔帕斯	没有实质性进展。
12 月 1 日（第五轮）	布宜诺斯艾利斯	中国国家主席习近平 美国总统特朗普	达成停止互征新关税的共识。

从 2018 年的舆情走势来看，中美贸易摩擦已成为当之无愧的舆论大热点，单日信息量最高达到 4.3 万余条，全年相关信息近 350 万条，每一则新的消息、新的动向都牵动亿万人心。媒体网民对美方一再挑起争端义愤填膺；专家机构则纷纷就当前形势进行深度分析，为应对贸易摩擦建言献策。

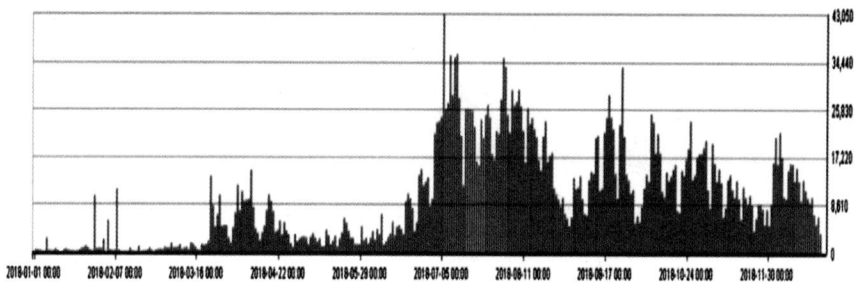

图 4-4：2018 年中美贸易摩擦舆情态势（单位：条）

第二节　冲击：绿肥红瘦

宏观经济压力加剧。2018 年的中国经济面临严峻考验。第三季度 GDP 增速已由 2017 年初的 6.9% 下降至 6.5%。在内生动力不足的同时，随着贸易摩擦持续升级，外部环境恶化对中国经济造成的压力持续上升。

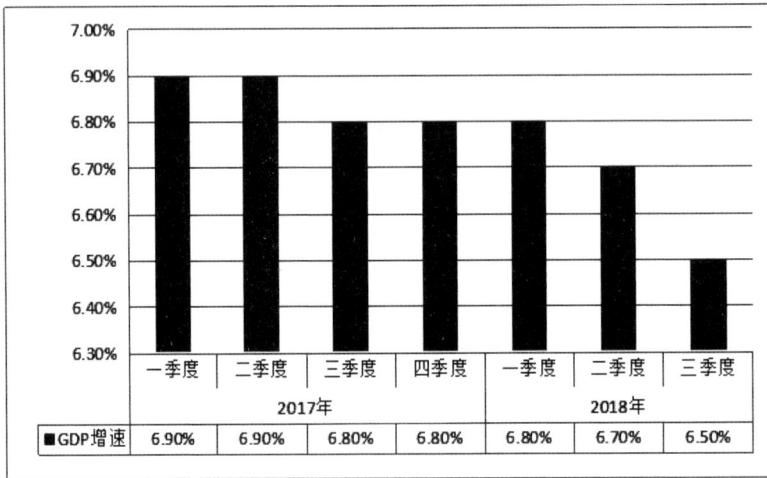

图 4-5：2017 年至今中国经济增速持续下行
数据来源：国家统计局

从反映经济的先行指标——采购经理指数（Purchasing Manager's Index, PMI）也可以看到，无论是以大中型企业为主要样本的官方 PMI 指数，还是以中小企业为主要样本的财新 PMI 指数，都在 2018 年双双走低，且于 7 月第一轮关税开征起下行更趋明显。最新数据显示，2018 年 12 月，官方制造业 PMI 指数跌破荣枯线 50，[①]创 2016 年 2 月以来新低；财新制造业 PMI 也于 2017 年 6 月以来首次位于荣枯线以下。

---

①PMI 指数荣枯线为 50，指数大于 50 说明行业处于扩张区间，指数小于 50 说明行业处于收缩区间。

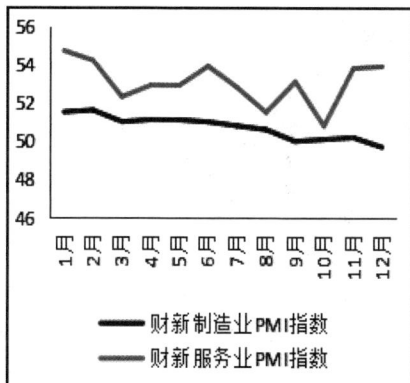

图 4-6：2018 年财新 PMI 指数
数据来源：财新网

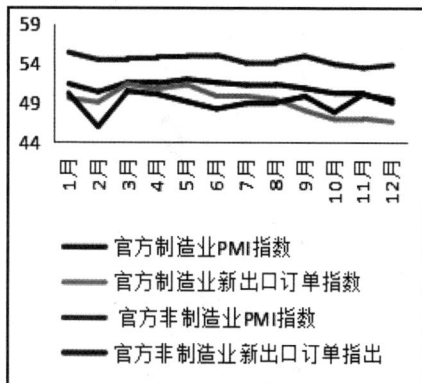

4-7：2018 年官方 PMI 指数
数据来源：国家统计局

外贸方面，2018 年的进出口总额及进口、出口分项的同比增速表现并未像预期那样骤降，甚至在很长一段时间仍然保持两位数增长。但不少专家、媒体调研发现，"抢出口"①成为许多企业应对关税冲击的无奈之举，并美化了进出口数据。浙江中外运宁波明州分公司报关部楼剑慧称，"不少原本 2019 年发货的单子现在都要求 2018 年出货。"美国调查机构 Descartes Datamyne 数据显示，10 月中国向美国运输货物的海上集装箱运输量达到 101.4308 万个，同比增长 13.9％，创出单月历史最多。《华夏时报》记者调查还发现，美线爆满导致运费暴涨。8 月 10 日从天津港往美国洛杉矶的 20 尺集装箱运费接近 1600 美元，较 4 月份上涨了三分之一；7 月 27 日上海出口至美西、美东基本港市场运价 5 周内涨幅分别超过 40% 和 20%。与此同时，从环比增速也可以看到，外贸形势实际上并不乐观，数据自 6 月起围绕零增速波动，并显露出负增长趋势。值得注意的是，11 月份的同比增速也都跌至个位。不少业内专家担忧"抢出口"效应或透支未来需求。

①"抢出口"是指出口商赶在关税落地或扩大之前抓紧出货。

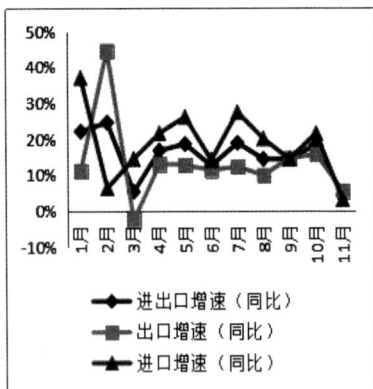

图4-8：进出口同比增速
数据来源：海关总署

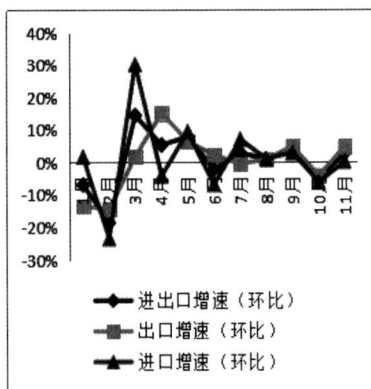

4-9：进出口环比增速
数据来源：海关总署

资本市场"风雨飘摇"。资本市场是一面反映投资者心理的镜子，一有风吹草动，市场便开始波澜。2018年以来，贸易摩擦持续升级的消息沉重打击了投资者信心，成为市场机构研究报告中拖累股市的常客。外部冲击叠加国内金融紧缩环境对资本流动性的钳制，导致A股市场各大股指从1月份的高点一路下跌。其中，上证指数11月30日收报2588.19，较1月高点3587.03下跌了27.85%；同期，深证成指下跌33.97%。股市在长达一年的时间里持续走弱，让很多投资者叫苦不迭。而更具破坏性的，是股权质押①风险在下半年尤为突出。数据显示，截止到2018年8月15日，A股市场共有2483家企业存在股权质押，占整体数量超过70%，其中只有370家是国企，其他都是民营企业。②随着股价一路下行，跌破或逼近平仓价点位的公司比比皆是，上市民企成为股权质押风险的重灾区。

---

① 股权质押指持股人通过质押股权融资以获取更多流动性。一旦股市出现大幅调整，公司股价跌破平仓线，质押方将要求出质人补充保证金或追加担保品，不然就会进行平仓操作。

② 中国股权质押现状与风险.凤凰财经.http://stock.10jqka.com.cn/20180909/c607030551.shtml

　　长江商学院副院长欧阳辉等专家曾发出警告，一旦股权出现爆仓，不仅公司股价将进一步闪崩，还将危及公司控股权的归属。当大量上市公司集中爆发股权质押风险的时候，市场预期将更加悲观，整个A股市场的下行压力将进一步加剧。为了缓解流动性紧张，为民营企业舒困。10月以来，从中央到地方，从口头喊话到具体政策，政府相关部门纷纷对股市进行驰援。如国务院副总理刘鹤、中国人民银行行长易纲、时任证监会主席刘士余等都在不同场合为股市发声，并承诺出台多项改革政策支持股市健康发展。与此同时，包括上海、江苏、江西等在内的多地政府国资及金融机构纷纷设立纾困基金，意在化解股权质押风险。据《中国证券报》记者的不完全统计，相关纾困基金或计划的总规模超过2000亿元。

　　股市"跌跌不休"，汇市表现也不容乐观。人民币汇率在2018年4月份开启贬值通道，从年初的6.2、6.3一线一路走低，4个月内就跌破6.90，并一度试探7的重要关口。截至11月30日，在岸人民币兑美元收报6.9436，较3月27日的6.2409下跌了11.26%，期间最低一度达到6.9771；离岸人民币兑美元收报6.9450，同期下跌11.41%，期间最低报价为6.9804。[①]值得注意的是，人民币的贬值速度在中美双方6月份发布关税清单之后陡然加速。在6月15日至8月15日的两个月内，在岸、离岸人民币的跌幅分别达到8.05%和8.18%。

　　尽管在人民币汇率逼近7时，央行运用外汇调节工具稳定预期，但中国银行国际金融研究所研究员王有鑫、谢峰等专家指出，在二季度以来的贬值阶段，央行并未采取过多直接干预措施，显示对汇率贬值的容忍度提高。金投网等媒体也强调，央行多次指出要保持汇率弹性，并称

---

① 数据来源：新浪财经外汇频道.https://finance.sina.com.cn/money/forex/hq/US-DCNH.shtml

只有这样才能在内部和外部出现一定冲击的情况下保持稳定态势。监管层释放的稳定市场预期的信号与美国指责的所谓"放任人民币贬值对冲关税压力"恰恰相反。从当前形势来看,人民币贬值是外部不确定性、内部金融风险以及经济基本面走弱的共同结果。

目前,中美贸易摩擦升级的趋势在"习特会"后有所遏制,12月人民币汇率反弹收复6.9关口。但市场机构仍然表示,贸易摩擦将是2019年影响人民币走势的关键因素。瑞银财富管理2019年预测报告称,美国若对另外2670亿美元的中国输美商品征收关税,人民币汇率可能会测试7.5低点。反之,若中美达成贸易协议并降低关税,可能会使人民币升至6.5-6.8区间。

行业企业受到冲击。贸易摩擦对宏观层面造成的压力已是不容小觑,在中微观层面更是对部分行业企业造成了重大冲击。其中,制造业企业和出口外贸型企业面临的压力尤其严峻。瑞银集团对美国首轮340亿美元中国商品关税清单进行追踪发现,在7月关税开征以来,8月和9月该清单上的中国商品进口量下降了32%。[1]作为外贸出口行业的风向标,11月初落幕的中国进出口商品交易会(广交会)的交易数据也欠佳。据广交会新闻发言人、中国对外贸易中心副主任徐兵表示,本届广交会成交额同比微降1%,对美出口同比大降30.3%。从对出口大省浙江的4690家参展企业进行的问卷调查发现,45.6%预计2019年出口形势更为严峻,66%认为对美订单将会下降,其中半数以上的企业认为未来新增订单量将下降约10%。

由于企业订单量缩减明显,收入和利润也相应下滑。国家统计局数据显示,全国规模以上工业企业(后简称规上工业企业)营收增速从4

[1]瑞银根据首轮加税清单计算美进口中国商品下降30%.新加坡《联合早报》.http://www.zaobao.com/special/report/politic/sino-us/story20181110-906285

月以来持续下行；利润增速从 6 月以来迅速走低。规上工业企业受到的冲击都如此明显，更不用提中小微企业面临的危机了。随着营收难以覆盖账务，裁员、倒闭或将是这些企业面临的无奈决择。摩根大通中国首席经济学家朱海斌曾发布研究报告指出，若美国对 2000 亿美元中国商品开征关税，将导致中国失去约 70 万个工作机会，失业人数或达 300 万；若中国以相同力道回击，失业人数可能增至 550 万。①

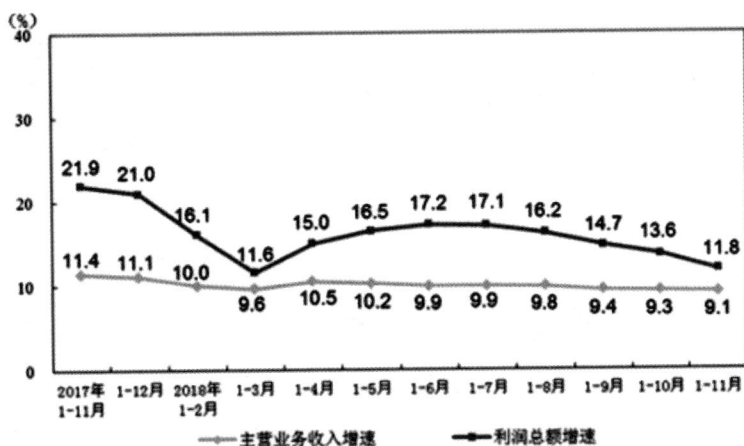

图 4-10：规上工业企业主营业务收入与利润总额同比增速
数据来源：国家统计局

对于高科技产业来说，美国加征的关税叠加出口管制可能在一定程度上将拖累产业升级。尽管近年来我国在人工智能、云计算等高科技领域发展迅猛，但在半导体等领域的核心技术依然依赖进口。美国对中兴通讯发起的制裁凸显中美之间的科技差距。在"限制中国崛起"的根本目标指引下，美国对中国高科技领域的打压料将更为猛烈。招商宏观等机构分析对中国商品加征关税的清单后指出，美国对华制裁的医疗

———————————
① 若贸易摩擦持续升级小摩：中国恐有 550 万人因此失业.钜亨网.https://news.cnyes.com/news/id/4200169

器械、高铁设备、生物医药、新材料、农机装备、工业机器人、信息技术、新能源汽车以及航空设备，都涉及《中国制造2025》计划发展的主要产业，遏制中国科技发展的意图暴露无遗。

此外，随着中国的人力、地租等要素成本近年来逐渐攀升，不少外企计划向东南亚等劳动成本更为低廉的国家、地区转移。在这一背景下，中美贸易摩擦的紧张局势令外资企业撤出中国的步伐大大提速。2018年以来，各大企业计划转移生产线的新闻频频见诸报端。如日本三菱电机、小松制造所、旭化成、日东电工，台湾和硕、仁宝、纬创等企业均被曝出"撤离计划"。据中国美国商会和上海美国商会对430余家在华美企进行的调查显示，逾60%在华经营的美国企业因为美中各自对对方价值500亿美元的出口商品加征关税而受损。为应对贸易摩擦，35%的受访企业已把生产从中国转移到其他国家或正在考虑这么做。[①]为避免关税冲击，一些中企也加快了对海外的布局。如巨星科技就设立了越南海外制造基地。生产线的转移必然将导致岗位流失，进一步加剧就业压力。

第三节　展望：未雨绸缪

据白宫在"习特会"后发布的声明："特朗普总统和习主席已同意立即开始就强迫技术转让、知识产权保护、非关税壁垒、网络入侵和网络盗窃、服务和农业等方面结构变革进行谈判。双方同意将尽力在未来90天内完成此项谈判。如果在期限内双方无法达成协议，现有10%的关税

---

① 美国商会：逾60%在华美企因贸易战受损.商务部网站.http://www.mofcom.gov.cn/article/i/jyjl/m/201809/20180902789054.shtml

税率将提高到 25%。"①这显示，尽管 2019 年初抬升关税税率的危机暂时消解，但未来中美贸易摩擦仍存变数。与此同时，中美之间的根源矛盾在很大程度上和中国转型升级息息相关，不少谈判焦点触动我国根本利益，进一步添加了 90 天内相关谈判的难度。此外，白宫国家贸易委员会主任纳瓦罗等美国官员多次表态中国要"回应美国所有关切"，否则"很难"达成协议，也进一步印证谈判是一场硬仗。因此，在抱着通过谈判化解两国分歧、终结贸易摩擦的美好希望同时，也应为中美两国长期竞争未雨绸缪。

修炼内功是根本。归根结底，特朗普敢于和中国"硬扛"，除了个人性格之外，美国在全球经济、科技、军事各领域的统治地位给了他极大底气。本次贸易摩擦带来的冲击也表明，尽管中国已站稳世界第二大经济体的位置，但中美之间的差距仍然很大。随着中国崛起，世界排名前二的两大经济体之间竞争加剧将是必然趋势。恒大集团首席经济学家任泽平等专家纷纷指出，为了在竞争中不处于劣势地位，进一步修炼内功、提升实力是我国应对危机的根本途径。首先，要坚持全方位开放，通过降低市场准入，开放金融、服务业等投资领域加大吸引外资的力度，提高供给水平、刺激内需。其次，坚定不移推改革，促进经济转型升级，进一步提升消费在经济三驾马车中的地位。此外，对核心技术的创新研究不能落后。"中兴事件"让我们看到，核心技术被他国所垄断可能会对相关产业的发展带来毁灭性打击。

维稳经济是基础。攘外必先安内。2018 年的经济形势不容乐观，为了避免内外因素叠加进一步加剧经济下行压力，更好地应对外部冲击，维持国内经济稳定是中国"有底气"的基础。监管层要从宏观政策的角

---

① 白宫新闻办公室关于"习特会"的声明.新浪博客.http://blog.sina.com.cn/s/blog-4d65c6540102yidj.html

度更加积极作为，刺激经济活力。具体从化解贸易摩擦冲击来看，中国银行国际金融研究所等机构建议出台政策帮助受到影响的行业企业做好应对。如为相关行业企业提供融资支持，寻找出口替代渠道；尤其值得注意的是，要做好应急预案，缓解企业倒闭、裁员、生产线转移带来的就业压力。平安证券首席经济学家张明等专家还认为，维持资本市场稳定也是重中之重。资本市场的剧烈波动将加剧经济的不确定性。在当前金融紧缩的大环境下，资本市场大幅波动往往导致企业融资更趋紧张，债务违约等风险很可能随之而至，甚至最后引发系统性金融风险。目前，政府已经出台了很多政策缓解信用紧缩、呵护市场情绪。但从目前资本市场走势来看，效果仍不明显，后续或将出台更多针对性措施。

对外联合是重点。众人拾柴火焰高。在当前世界，孤立主义是行不通的。"世界霸主"美国在引发逆全球化潮流的同时，也联合其他国家对中国进行"封锁"。对此，中国人民大学国际关系学院教授李巍等专家指出，中国也需加大力度扩展"朋友圈"进行应对。一方面，包括美国石油协会、美国汽车和零部件制造商协会、全美零售商联合会在内的多个美国行业团体以及苹果等企业均对关税表示明确反对，再加上中国大豆进口禁令让美国豆农苦不堪言，沉重打击特朗普重要票仓。这些美国国内的反对力量均可联合，进而对特朗普施压。另一方面，中美摩擦不仅对中美经济造成冲击，全球经济尤其是新兴市场国家也受到拖累。国际货币基金组织、经济合作与发展组织均对此发出警告，并调降2019年全球经济增速预期；日本、德国等均面临经济放缓。这也为中国联合其他国家创造了契机。中国需加快与他国的双边自贸谈判，进一步推动区域全面经济伙伴关系协定（RCEP）和亚太自由贸易区（FTAAP）的构建。

第五章

经济转型升级：千磨万击还坚劲

　　经济转型升级是刺激经济内生动力、促进可持续发展的根本途径。近年来国家持续发力，相关政策不断推进并取得良好效果。但值得注意的是，愈发复杂的国际国内形势为经济转型升级带来更多挑战。一方面，企业融资难、融资贵顽疾难解，金融紧缩环境下民营企业债券违约风险在2018年明显暴露。另一方面，消费数据增长乏力，"山寨"横行的拼多多平台大火等迹象令有关"消费降级"的讨论越来越多。此外，国资频频入股民企以及吴小平的"私营经济退场论"让市场有关"国进民退"的担忧升温。经济转型升级步入深水期在引发舆论场大讨论的同时，也为监管层敲响了警钟。2018年以来，促进民企融资、个税改革、企业减税等一系列有针对性的措施纷纷推出，且政策出台愈发密集，为助力经济转型升级度过深水期打下了坚实的基础。

第一节　去杠杆VS融资难

　　近几年，去杠杆政策持续深化，监管层出台了大量措施强化金融监管。政策作用下，我国宏观杠杆率上升势头明显放缓，稳杠杆取得初步成效。在2018年10月于印度尼西亚巴厘岛出席国际货币基金组织/世界银行年会期间，央行行长易纲指出，"目前宏观杠杆率稳住了，国有企业的杠杆率持续下降，地方政府的负债可控"。央行数据还显示，截至 2017 年末，中国宏观杠杆率为 248.9%，较 2016 年仅上升 2 个百分点，而过去 5 年这一比率年均上升 13%。①中信建投测算显示，2018 年二季度中国金融部门杠杆率连续三个季度同比下降；且二季度降幅明显扩大。同期非金融部门宏观杠杆率为 239%,其中居民部门杠杆率增幅比一季度回落 0.6 个百分点；企业部门杠杆率同比回落 3.5 个百分点，连续六个季度同比回落；地方政府杠杆率（偿还责任）分别比 2017 年全年、一季度低 0.8、1.8 个百分点。②

去杠杆政策取得成效的同时，市场融资环境收紧成为不少企业，尤其是中小微民企的"不可承受之重"。2018 年，融资困境与债券违约形成恶性循环，让企业压力山大。从宏观数据可以看到，2018 年社会融资规模和人民币贷款规模均呈现下行趋势。10 月社会融资规模增量为 7420 亿元，仅为 1 月份 30793 亿元的 23.67%；人民币贷款规模增量（7141 亿元）仅为 1 月份（26850 亿元）的 26.60%。11 月份的数据虽然有所反弹，但 M2 增速持平于历史最低水平，M1 增速创下历史新低。如果说去杠杆政策打压"影子银行"导致社融大降，那贷款不振就更能说明当前融资环境的严峻。因为去杠杆政策的一个重要方面就是要把原本在"影子银行"体系流转的资金引导进入受监管的商业银行体系，即所谓的"融资回表"。而渴望贷款的企业，不仅面临银行"惜贷"，还常常冷不丁地遭遇"抽贷"。

---

① 沈建光：关于去杠杆政策的反思——问题、原因与对策? 新浪财经.http://finance. sina.com.cn/stock/stockzmt/2018-11-13/doc-ihnvukfe5165070.shtml
② 【中信建投宏观】宏观杠杆率的分化与近期展望.新浪财经.http://finance.sina.com. cn/stock/stockzmt/2018-10-16/doc-ihmhafir9017183.shtml

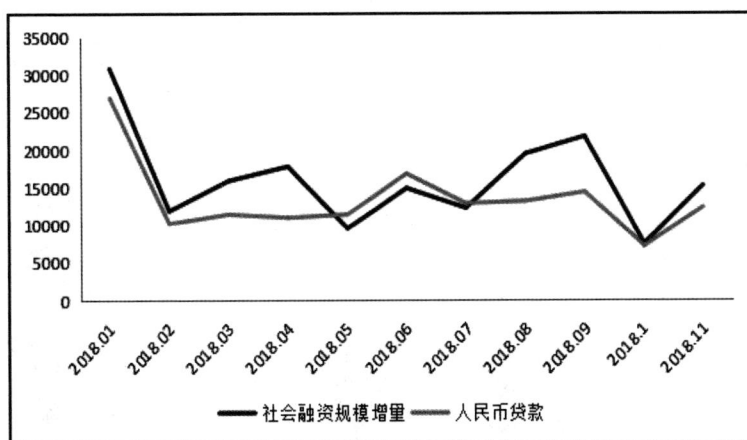

图 5-1：各月社会融资规模增量及贷款规模增量（单位：亿元）
数据来源：中国人民银行

融不到钱，经济大环境又比较糟糕，面临资金链断裂、流动性危机的企业比比皆是。据 Wind 资讯统计，截至 12 月 2 日，2018 年已有 100 只债券违约，违约金额达到 1005.44 亿元，量价均创历史记录。[①]相比之下，之前违约规模最大的 2016 年只有 384 亿元。[②]彭博社数据还显示，2018 年 11 月份，中国债市违约规模超 200 亿元，创历史新高并一举推动 2018 年的年度违约量破千亿。[③]在这些违约企业中，民营企业尤其是上市民企成为 2018 年债券违约的重灾区。光大证券测算发现，截至 11 月 5 日，2018 年来新增债券违约主体 33 家，其中 28 家是民营企业，占比达 84.85%；上市企业占比接近 40%，较历史记录（14 年 20%）几乎

① 中国信用债市场雷暴升级, 11 月违约规模创历史新高.彭博环球财经.http://bond.jrj.
  com.cn/2018/12/03083925438876.shtml
② 债券违约主体新特征：上市公司不断增加.《中国经济导报》.http://www.ceh.com.
  cn/zqxw/1093956.shtml
③ 中国信用债市场雷暴升级, 11 月违约规模创历史新高.彭博环球财经.https://mp.weixin.
  qq.com/s?timestamp=1543888886&src=3&ver=1&signature=WCgk27KqX4m-
  CIwjDiltF3W1tmBUumcy1ZBTGVH8yyXGhsmE7q5Q4m5ssJD9iYQGL8zZdM0c-
  9cE9TDrl72gSqjpwKUKSBq86b7EZRuBK2tXoH3bIad3XDgdBZlxQ-cV11uqBZwb-
  PAxyu0aAdn8vqI2Tvh3Z1LWDA9kGw0jeU2EWY=

翻倍。①此外，被市场认为是"中国债市最后信仰"的城投债也在 2018 年首现违约。

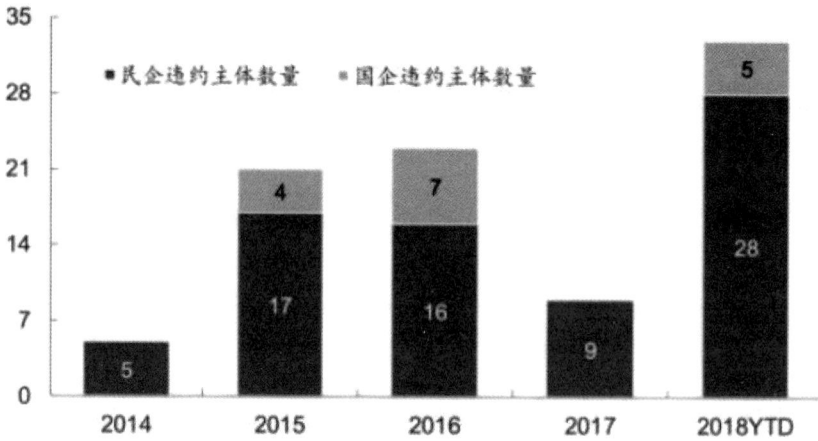

图 5-2：债券市场历年新增违约主体数量（单位：家）
数据来源：Wind、光大证券研究所
注：2018 年统计窗口截至 11 月 5 日

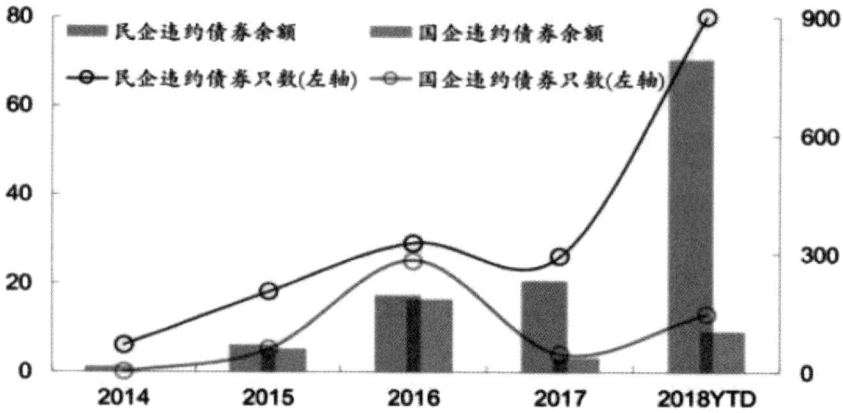

图 5-3：债券市场历年新增违约债券数量及规模（单位：只、亿元）
数据来源：Wind、光大证券研究所
注：2018 年统计窗口截至 11 月 5 日

①2018 年最新最全债券违约跟踪.债市观察.https://baijiahao.baidu.com/
s?id=1617518572550445182&wfr=spider&for=pc

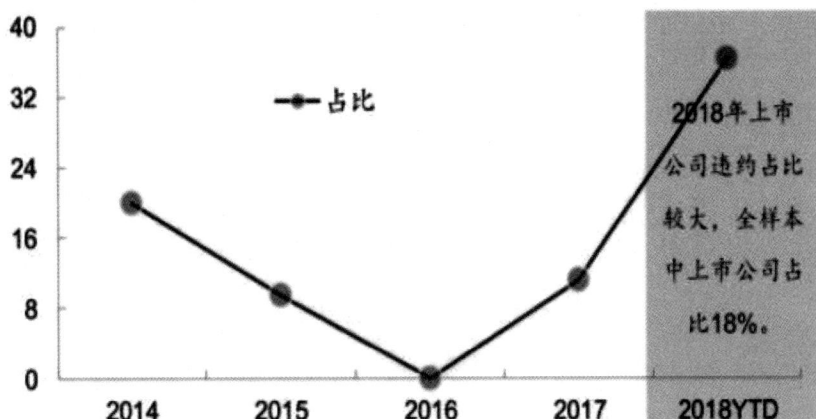

图 5-4：债券市场历年新增违约主体中上市公司占比（单位：%）
数据来源：Wind、光大证券研究所
注：2018 年统计窗口截至 11 月 5 日

2018 年年中，互联网上流传"去杠杆民营企业成了背锅侠""去杠杆之殇"等报道，内容取自安信证券首席经济学家高善文 5 月 31 日在安信证券中期报告会上的演讲。[①]文章对当前去杠杆政策提出质疑，认为全面去杠杆令民企"很受伤"，甚至已导致局部流动性危机。尽管随后高善文发表声明表示"相关报道未经作者审阅，也未必反映本人看法"，但文中观点直指去杠杆导致当前民企融资困境，引发多位经济学家纷纷下场争论。梳理专家观点可以发现，业界多数观点还是认为去杠杆政策应该坚定不移。如是金融研究院院长管清友、中泰证券银行业首席戴志锋等纷纷发出"去杠杆，行百里者半九十""开弓没有回头箭"的疾呼。与此同时，不少经济学家也关注到当前民企融资艰难，呼吁提高政策针对性，注重政策协调。

对于业界呼声，监管层高度重视。2018 年以来，央行通过降准、担保品扩围等方式为市场提供了大量流动性。截至 10 月，各个期限的上

---

① 高善文：去杠杆民营企业成了背锅侠．财联社．https://www.cailianpress.com/
　 depth/246175

海银行间同业拆放利率（Shibor）均较年初下行。在当前这种低利率环境下，不少企业依然借款无门。某文旅企业负责人周珊彤在接受《人民日报》采访时称，"找银行贷款，额度上就会打折扣，放款也不能一次到位，而是要分几批发放。"某汽车设备厂负责人顾继宏对银行给的低额度也很是发愁，"今年和一家大客户签了1亿多元的订单，为了尽快投产，找银行垫资300万元，结果银行回复没有额度。"大型民企借钱越来越难，中小民企更是难上加难。某农业设备公司负责人何森称，"因为公司规模小，除了用土地、厂房、设备等做抵押担保以外，银行还要求用家庭资产甚至个人财产做担保，'有限责任'变成了'无限责任'"。由此看来，当前最关键的问题并非在于融资成本，而是金融机构对民营企业信心不足，攥着钱却不敢放贷。

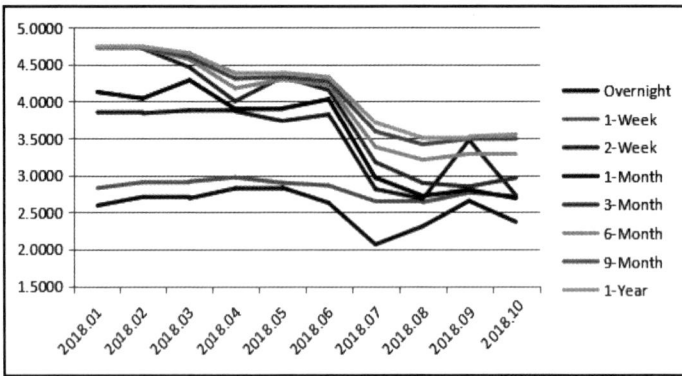

图5-5：2018年月末各期Shibor数据
数据来源：中国人民银行

对此，相关部门也越来越意识到仅靠货币政策提供流动性并不能很好地解决当前融资难题，关键还在于引导资金流向"嗷嗷待哺"的企业，即打通货币政策向实体经济传导的"梗阻"。11月1日，习近平总书记主持召开了最高规格的民营企业座谈会并发表重要讲话，解决民营企业融资难融资贵正是其中一个重要议题。截至 12 月 24 日，2018 年以来由李克强总理主持召开的国务院常务会议就有 8 次专门研究部署缓解民营企业、小微企业融资难问题。11 月 9 日的国务院常务会议更是三个议题均围绕支持民企、小微企业融资。

2018 年第四季度，政府高层更是纷纷喊话，并密集出台针对民营企业融资的纾困政策。如银保监会主席郭树清提出民企贷款"一二五"目标，即在新增公司类贷款中，大型银行对民营企业的贷款不低于1/3，中小型银行不低于2/3，三年后银行业对民营企业的贷款占新增公司类贷款的比例不低于50%。中国人民银行行长易纲表示，用好"信贷支持、民营企业债券融资支持工具、民营企业股权融资支持工具"这"三支箭"，拓宽民营企业融资途径。工信部部长苗圩表示，将与财政部共同实施小微企业融资担保业务降费奖补政策。①由此可以看到，监管层缓解民企融资难题的决心十足。

3月28日

- 由中央财政发起、联合有意愿的金融机构共同设立国家融资担保基金，首期募资不低于600亿元，带动各方资金扶持小微企业、"三农"和创业创新。

4月25日

- 部署对银行普惠金融服务实施监管考核，抓紧完善普惠金融服务保障体系。

---

① 部委和地方大员纷纷表态，利好政策频出：民企春天来了.《中国经济周刊》.https://baijiahao.baidu.com/s?id=1618189586638839341&wfr=spider&for=pc

6月20日

- 增加支持小微企业和"三农"再贷款、再贴现额度，下调支小再贷款利率；
- 从2018年9月1日至2020年底，将符合条件的小微企业和个体工商户贷款利息收入免征增值税单户授信额度上限，由100万元提高到500万元；
- 禁止金融机构向小微企业贷款收取承诺费、资金管理费，减少融资附加费用；
- 将单户授信500万元及以下的小微企业贷款纳入中期借贷便利合格抵押品范围。

7月23日

- 通过实施台账管理等，建立责任制，把支小再贷款、小微企业和个体工商户贷款利息免征增值税等政策抓紧落实到位；
- 鼓励商业银行发行小微企业金融债券，豁免发行人连续盈利要求；
- 对拓展小微企业融资担保规模、降低费用取得明显成效的地方给予奖补。

8月22日

- 合理确定小微企业贷款期限、还款方式，缩短贷款审批周期，适当提高中长期贷款比例；
- 建立金融机构绩效考核与小微信贷投放挂钩的激励机制；
- 适当提高贷存比指标容忍度。禁止存贷挂钩、借贷搭售等行为；
- 支持发行小微企业贷款资产支持证券。

10月22日

- 对有市场需求的中小金融机构加大再贷款、再贴现支持力度；
- 由人民银行依法向专业机构提供初始资金支持，委托其按照市场化运作、防范风险原则，为经营正常、流动性遇到暂时困难的民营企业发债提供增信支持；条件成熟时可引入商业银行、保险公司资金自愿参与，建立风险共担机制。

11月9日

- 将中期借贷便利合格担保品范围，从单户授信500万元及以下小微企业贷款扩至1000万元；
- 明确授信尽职免责认定标准，引导金融机构适当下放授信审批权限，将小微企业贷款业务与内部考核、薪酬等挂钩；
- 清理政府部门和国有大企业拖欠民营企业账款；
- 各级政府性融资担保、再担保机构重点支持单户担保金额500万元及以下的小微企业和"三农"主体；
- 国家融资担保基金的担保费率不高于省级机构费率水平；国家融资担保基金和金融机构承担的风险责任比例原则上均不低于20%。

12月24日

- 将支小再贷款政策扩大到符合条件的中小银行和新型互联网银行。出台小微企业授信尽职免责的指导性文件。
- 加快民企上市和再融资审核。支持资管产品、保险资金依规参与处置化解民营上市公司股权质押风险。
- 依法保护民营企业家人身财产安全。对因法定规划调整等导致企业受损的，建立补偿救济机制。任何政府部门和单位、大型企业和国有企业，都不得违约拖欠中小企业款项。

图 5-6：国常会部署研究缓解民营、小微企业融资难题
资料来源：中国政府网

第二节　"消费升级"VS"消费降级"

"拼多多、拼多多，拼的多、省的多……"，这一旋律自近年来传遍大街小巷，以"9.9 包邮的卷纸""29.9 包邮的衬衣""49.9 包邮的卫衣"等低价商品为卖点的电商平台拼多多也在短短三年时间里爆红。[1]2018年 7 月 26 日，上线还不到三年的（2015 年 10 月上线）的拼多多就已经

[1]拼多多: 消费降级还是消费升级? 百家号"接招".http://baijiahao.baidu.com/s?id
=1596194011789548967&wfr=spider&for=pc

正式登陆纳斯达克。猎豹大数据显示，2018年以来拼多多APP的周活渗透率远超京东、直逼淘宝。[①]上市后发布的三季度财报显示，截至9月30日的12个月期间，拼多多平台网站成交金额（GMV）达3448亿元，1年半翻了16倍，增速超出京东（30%）、阿里（29.3%）10倍有余；年度活跃买家数为3.855亿，比二季度再增4200万；移动端平均月活量为2.317亿，比二季度再增3700万。

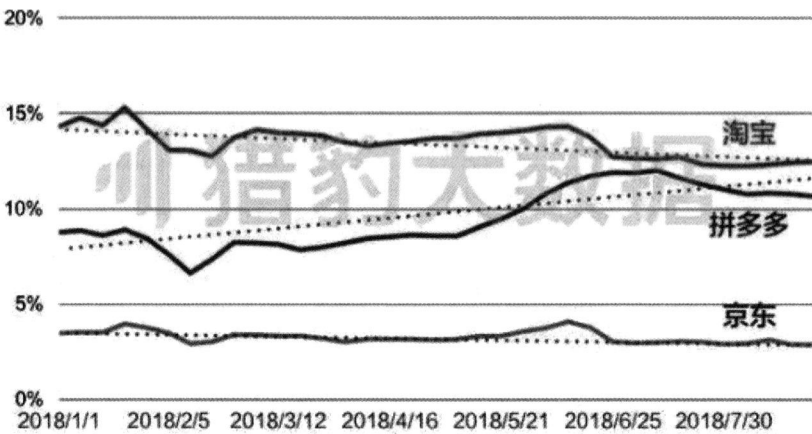

图 5-7：拼多多、淘宝、京东APP周活渗透率走势
资料来源：猎豹大数据

然而，与拼多多火热相伴的是大量假冒、劣质、山寨产品在其平台"安营扎寨"的质疑和控诉。打开拼多多，市场售价在300元以上的贝因美红爱＋奶粉仅卖7.5元；创维先锋、小米新品等山寨产品堂而皇之地上架。[②]低价劣质商品泛滥却不减消费者热情，使得舆论场有关"消费降级"的声音越唱越响。"拼多多式'消费降级'彻底撕开了一线'伪中产'的遮羞布""拼多多市值急速增长直追京东 是'消费降级'了吗?""从

①拼多多式消费降级彻底撕开了一线"伪中产"的遮羞布.猎豹全球智库.http://www.sohu.com/a/253398228_410407
②拼多多深陷山寨漩涡股价跌破20美元前路尚未明朗.《北京商报》.https://tech.sina.com.cn/i/2018-08-01/doc-ihhacrce5946157.shtml

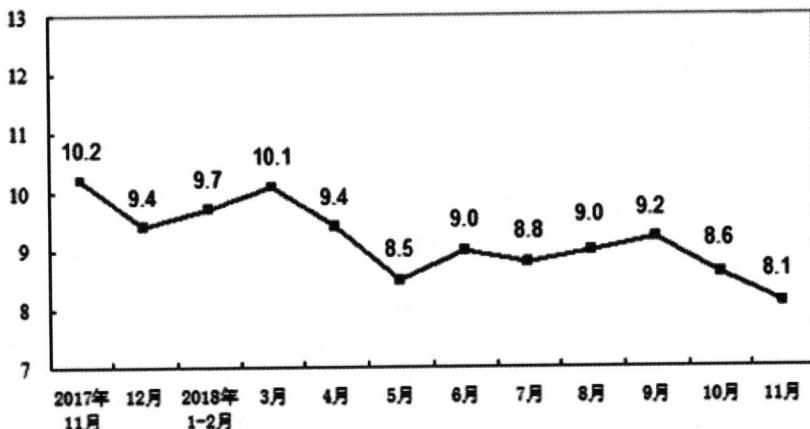

图 5-8：社会消费品零售总额分月同比增长速度（单位：%）
数据来源：国家统计局

件件海淘到痴迷拼多多,我的养娃'消费降级之路'"等文章在微信朋友圈热传。与此同时，榨菜、方便面、二锅头等平价商品生产企业 2018 年上半年业绩大增让更多人对"消费降级"深信不疑。据康师傅、涪陵榨菜半年报显示，2018 年上半年营收分别同比增长 8.4% 和 34.11%；低端酒牛栏山二锅头的生产商顺鑫农业上半年净利润更是同比暴增 96.78%。舆论惊呼"住千万豪宅，吃榨菜，喝二锅头，中产消费寒冬来了"。

随着舆论对"消费降级"的关注度越来越高，支持"消费升级"的人坐不住了。"'消费升级'另类版本拼多多现象表里""为什么说拼多多并不是消费降级？""'双十一'，消费升级带动供给升级"等文章针对"降级派"进行驳斥。其中，2018 年"双十一"再创佳绩让"升级派"更加挺直了腰板。11 月 11 日当天，阿里巴巴天猫商城的成交额不断跳动，2 分 5 秒超百亿、1 小时 47 分 26 秒超千亿，最终定格在创纪录的 2135 亿元，首次突破 2000 亿大关，同比大增 26.9%。其他电商平台也成绩不俗：京东"双十一"期间成交达 1598 亿元，再创新高，同比增长 25.7%；网易考拉成交额 229 秒后破亿，仅 78 分钟便已超越 2017 年全天水平；苏宁易购成交额 4 秒破亿，50 秒破 10 亿，97 分钟就超过 2017 年全天，全渠道订单量增加 132%。

井喷的销量让人难以相信中国消费正在"降级"；高品质商品受到热捧更是让不少人坚信"消费升级"在路上。从京东大数据来看，手机、电视、华为、洗衣机、耐克是 11 日第一个小时内消费者搜索的高频关键词；售价数千元的千台戴森网红卷发棒在京东平台 15 秒售罄；10 分钟内，2000 元以上的扫地机器人销售额超越 2017 年 11 月 1 日全天；1 小时内，华为手机销售额为 2017 年同期的 8 倍。①天猫数据显示，"双十一"期间，75 个国家和地区、3900 个品类、近 1.9 万个海外品牌供消费者选择。②西班牙猪肉、法国黄油等高品质进口产品成为中国消费购物清单中的重要组成部分。不少国际舆论都纷纷表示"双十一"充分显示出中国消费者无惧贸易摩擦，消费市场依旧活力十足。

因此，仅从一个侧面就判断当前中国消费是"升"是"降"过于偏颇。恒大集团首席经济学家任泽平就认为，长期看，消费升级趋势仍在继续，恩格尔系数持续下降至 30% 以下，医疗、教育、通信等发展、享受型消费占比上升，服务消费占比提高至 40% 以上；短期看，部分中低收入者消费降级，主要受流动性退潮叠加刚性负债高企、房租和医疗价格大幅上涨等因素影响。因此，"升级"和"降级"的声音并存显示出的，是当前消费结构出现了新的改变。但我们也要看到，当前经济下行压力增大，外部又面临中美贸易摩擦紧张局势，这对消费增长无疑将造

---

① 双十一"全球好物节"大促进行时京东物流精准"护航"升级全球服务体系.经济观察网.http://www.sohu.com/a/274660677_118622
② 双十一 10 年：消费开始流行新精致主义？新浪科技.http://sh.qihoo.com/pc/94c33f1875f60978f?cota=1&refer_scene=so_1&sign=360_e39369d1

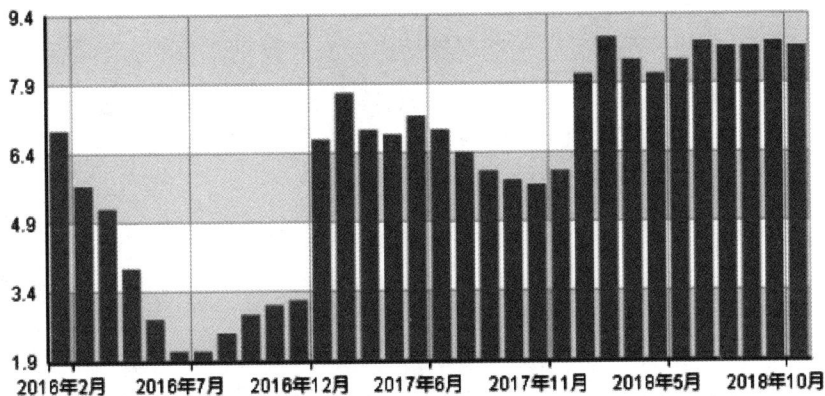

图 5-9：民间固定资产投资分月累计增速（单位：%）
数据来源：国家统计局

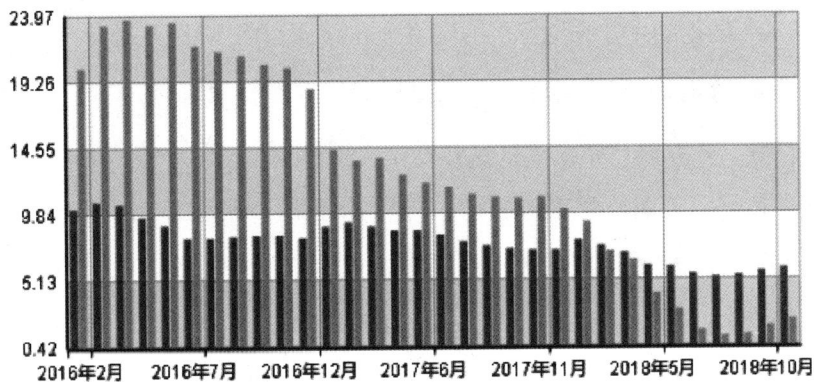

图 5-10：固定资产投资及国有固定资产投资分月累计增速（单位：%）
数据来源：国家统计局

成负面影响。宏观数据也验证了 2018 年的消费形势确实存在逐步疲软的迹象。国家统计局数据显示，11 月份，社会消费品零售总额同比增长 8.1%，环比下滑 0.5 个百分点，创下 2003 年 5 月以来的新低。

在 2018 中国发展高层论坛专题研讨会上，与会专家表示，消费已经成为我国经济增长的主要驱动，约 80% 的 GDP 增长实际源自消费支出增长。①尤其在当前形势下，投资受内需疲弱、去杠杆政策等限制，增长空间有限；外贸受中美贸易摩擦影响，前景不容乐观，消费对中国经济的支撑作用更为关键。经济转型升级的一个重要方面，就是要持续提升消费在支撑经济三驾马车（投资、外贸、消费）中的地位，增添增长活力和可持续性。因此，面对当前消费增长乏力的趋势，工银国际控股有限公司副行政总裁高东、联讯证券首席经济学家李奇霖、一财网等专家媒体纷纷发出"提振内需是中国经济高质量增长的发力点""提高内需形成强大国内市场尤为重要""提振内需是中国经济长久之计"等呼声。

要想鼓励老百姓花钱，首先得让他们的钱包鼓起来。2018年来，政府大力推进个人所得税改革，不仅将个税起征点由3500元提升至5000元，还在12月22日印发《个人所得税专项附加扣除暂行办法》，从子女教育等六大方面对个税进行抵扣。据《华夏时报》等媒体从国税总局了解，起征点上调首月（10月份），全国个人所得税减税316亿元，有6000多万税改前的纳税人不再缴纳工资薪金所得个人所得税。2018年底召开的中央经济工作会议进一步强调将在2019年实施更大规模的减税降费措施，老百姓的收入有望进一步提高，消费意愿也将得到有效提升。与此同时，除了在需求端发力外，对供给端也要有所思考。近年来，中国人买遍全球的消息频频见诸报端，消费者千方百计通过"海淘""代购"等方式购买"澳大利亚奶粉""日本马桶盖""韩国护肤品"等。这就说明，当前国内产品供给跟不上老百姓"消费升级"的需求。苏宁金融研究院宏观经济研究中心主任黄志龙等指出，这就要求我们坚定不移地推进供给侧改革，增加有效供给，让更多消费者能在国内买得

① 中国对进出口依赖大幅下降消费对经济增长贡献率近80%.《经济参考报》.http://news.iqilu.com/china/gedi/2018/0918/4052838.shtml

放心、买得安心。

同时，拼多多的火热也让我们看到了低收入群的消费潜力。这就需要进一步构建更加成熟的消费细分市场，以适应老百姓多层次的消费需求。9月20日中共中央、国务院发布的《关于完善促进消费体制机制进一步激发居民消费潜力的若干意见》中，就明确将"构建更加成熟的消费细分市场"列为未来促进消费增量提质升级的三大主攻方向之一。

第三节　国企VS民企

早在2016年，民间投资曾经急剧下滑。中央政府对此高度重视，不仅派出督察组，还于2017年出台了《关于营造企业家健康成长环境弘扬优秀企业家精神更好发挥企业家作用的意见》。可以看到，从2017年起民间固定资产投资开始较2016年明显好转，且2018年增长更多。这也成为了2018年固定资产投资中的亮眼表现。与之相比，2016年以来的固定资产投资及国有固定资产投资增速反而呈现出逐步下滑的趋势。

但与宏观数据相悖的是，2018年"国进民退"思潮有所升温，多重迹象加重了舆论对民营企业的担忧。首当其冲的是民营企业倒闭、濒临破产等消息频见报端。P2P行业爆雷、初创企业倒闭、制造工厂关门，中小企业的脆弱性在经济下行大背景下暴露无遗。但更让人感到形势危急的是，不少曾经的民企巨头也纷纷倒下。如1月，通风行业第二家创业板上市公司金盾控股的董事长周某某坠楼身亡，企业濒临破产并负债98.99亿元；5月，中国500强企业盾安集团被曝深陷450亿元债务危机，并向政府求援；7月，连续7年入围中国民企500强的"大豆之王"

山东晨曦向法院申请破产。而在 7 月 31 日这一"黑色星期二"，北京邻家便利店 168 家门店全部关停；极路由创始人王某某发表公开信，宣布公司面临危机，随时可能倒闭；北京尚品国际旅行社倒闭，拖欠员工薪水数百万元；深圳容一电动倒闭清算，欠款 8225 万元。8 月，20 年老品牌、中国家具行业领头羊诚丰家具宣布破产；经营 17 年、拥有 600 余家门店的好来屋厨柜被爆进入破产清算；全球轮胎企业排名第 32 位的永泰集团轰然倒下。9 月，曾被誉为"中国酱油第一股"的加加酱油卷入债务危机。10 月，一代巨头金立手机被爆负债百亿、裁员万人、董事长失联。[①]

与此同时，国企与民企之间的利润差距也不容忽视。2018 年以来，在规模以上工业企业中，国有控股工业企业利润总额同比增速稳定在私营企业增速的两倍以上。上半年，国企利润增速（31.5%）更是达到了私营企业的 3 倍（10.0%）。相关数据引发"国企躺着就能赚大钱，私企别说赚钱了，活下去才是关键！"等吐槽。在 2018 年下半年愈演愈烈的股权质押危机中，不少民营企业为了能够继续存活纷纷投向了国企的怀抱，国资成为最积极的"接盘侠"。据《上海证券报》统计，9 个月以来已有 46 家民营 A 股上市公司宣布获得国有资本接盘，其中 24 家属于控股权转让，国资成为实际控股人。仅 9 月份，就至少有 14 家公司披露了大股东向国资转让股权的意向。[②]尽管这一现象与地方国资驰援 A 股缓解股权质押风险不无相关，但国资"侵蚀"民企的速度之快引发了市场恐慌，这也为"国进民退"的论调进一步提供了养分。

[①]2018 年这些大企业为何会轰然倒下？正和远景.https://baijiahao.baidu.com/s?id=1617562159708980179

[②]9 个月受让 46 家民营上市公司股权，国资为何此时集中接盘.《上海证券报》.https://www.thepaper.cn/newsDetail_forward_2478637

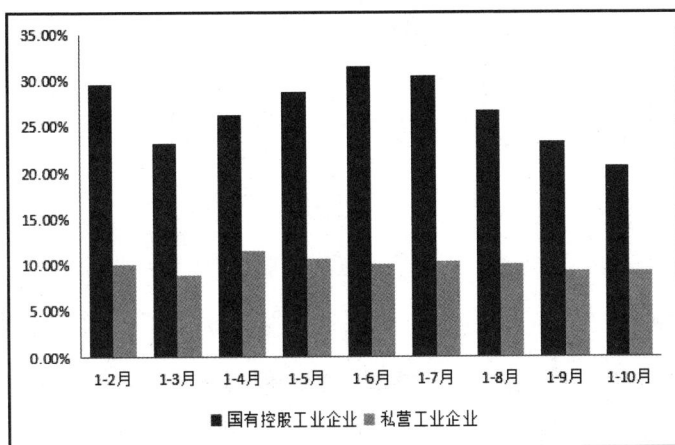

图 5-11：国有控股和私营规上工业企业利润总额同比增速
数据来源：国家统计局

"私营经济退场论"让市场对"国进民退"的担忧走向顶峰。9月11日，"资深金融人士"吴小平在《今日头条》发出"私营经济已完成协助公有经济发展，应逐渐离场"的论调，相关报道迅速在网络传开，并引发轩然大波。民营企业的信心受到严重打击，瑟瑟发抖犹如"待割的韭菜"。这一论调也即刻引发了媒体、专家潮水般的反击，"幼稚""奇葩"等批评不绝于耳。

监管层也频频发声澄清立场，呵护市场稳定。中国人民银行行长易纲9月在民营企业金融服务座谈会上表示对国有经济和民营经济在贷款发放、债券投资等方面一视同仁。国务院副总理刘鹤10月19日明确表态，所谓"国进民退"的议论，既是片面的，也是错误的。10月31日召开的中央政治局会议，明确提出要坚持"两个毫不动摇"，促进多种所有制经济共同发展，研究解决民营企业、中小企业发展中遇到的困难。11月1日，习近平总书记再次强调"非公有制经济在我国经济社会发展中的地位和作用没有变！我们毫不动摇鼓励、支持、引导非公有制经济发展的方针政策没有变！我们致力于为非公有制经济发展营造良好环境和提供更多机会的方针政策没有变！"明确抓好六方面政策举措，给民营企业吃下"定心丸"。在会后的短短 20 天里，全国工商联、工信部、银保监会、中国人民银行、国税总局、司法部等 10 多个部委和政法机构负责人密集发声，表态支持民营企业发展。

上述种种对"国进民退"论调的彻底回击显示了政府对民营企业的支持是明确的、一贯的，且持续深化的。但同时，前文所列举的民营企业重重困境并非假象。这说明当前对民企的扶持力度亟待加强。梳理企业家和业界专家呼声可以发现，两方面措施刻不容缓。一是减税降负，不仅要对明面的税率、税基进行调整，降低企业负担；还要从行政收费、隐形收费等方面入手，确保企业不挨"软刀子"。二是优化营商环境，推进"放管服"改革进一步为企业松绑，打破各种各样的"卷帘门""玻璃门""旋转门"，让民企真正感受到和国企之间"一视同仁"。当然了，归根到底，修炼内功、不断提升市场竞争力，才是企业的立身之本。在国家转型升级大潮中，要想不被浪花拍死在沙滩上，还需加快自身的转型升级。一个个企业成长起来，一滴滴水珠聚成大海，让企业发展和经济增长互为良性循环，也正是中国转型升级之意义。

第六章

经济新动能：病树前头万木春

2018 年是我国发展进程中极不平凡的一年，经济稳中有变、变中有忧。一方面，面对复杂严峻的外部环境和经济下行的内部压力，经济新动能不断发力；另一方面，经济新动能的三股主要力量源泉——"双创""互联网+""产业转型升级"，出现了一些让人疑虑、担忧、困惑的现象，让人难免对经济新动能的信心有所动摇。在困顿迷茫之时，确需来一场"解剖麻雀"式分析，看看经济新动能怎么了。风起云涌，系列遇冷现象、险境困局的背后或潜藏着经济新动能正历经"蜕变"的迹象。在供给侧结构性改革、打造"双创"升级版等战略背景下，新经济值得且应该被看好。未来，在市场体制和政府调控的双重引导之下，经济的"蜕变"在伴随阵痛的同时，更将带来新生。广阔的增长前景将为中国经济鼓足新功能，助力高质量发展。

第一节　"双创"之凛冬阳春

2012 年，一波创业浪潮开始兴起，移动互联网的普及为新产业、新业态的出现提供了肥沃的土壤。2014 年，当全球仍然笼罩在经济衰退的悲观情绪之下时，李克强总理在当年 9 月的达沃斯论坛上铿锵有力地发出"要在 960 万平方公里土地上掀起'大众创业''草根创业'的新浪潮，形成'万众创新''人人创新'的新态势"的豪情宣言，让中国这架引领全球经济的新引擎释放出更为澎湃的动力。国际为之侧目，国内则迅速掀起了干事创业的热潮。2015 年以来，创业浪潮高峰迭起，共享经济、网络直播、人工智能（AI）等产业相继出现并迎来爆发式增长。而今，"双创"面临"七年之痒"，遇到了瓶颈，"火"遍全球的热潮有所降温，发展动能有所减弱，出现了"成长的困惑"。

2018 年来，创业明星接连陨落，肃杀气氛弥漫创业圈。1 月 25 日清晨，80 后早期创业标杆人物、万家电竞 CEO 茅侃侃在家中自杀，年仅 34 岁。茅侃侃 14 岁开始在《大众软件》上发表文章，设计软件，自学考证，是当时亚洲"唯二"通过微软三项认证的人，21 岁正式创业担任 MaJoy 总裁。2015 年 9 月底，茅侃侃与万家文化合资成立万家电竞。但由于游戏周期长，万家电竞从成立起就一直亏损，而后受母公司万家文化收购案失败的牵连，融资受阻、负债累累。2017 年 10 月，被欠薪的 60 位万家电竞员工申请劳动仲裁，或成为压倒骆驼的最后一根稻草。

无独有偶，8 月 8 日早晨，一条关于腾讯系连续创业者、法兰游戏创始人甘来跳楼自杀的消息再度引爆创投圈。80 后甘来毕业于华中科技大学计算机系，在朋友眼中"乐观、敢拼"，却"苦未尽甘未来"。甘来从腾讯离职后开始创业，2014 年 10 月成立深圳法兰互动科技有限公司，2016 年 4 月先后成立深圳来宝互联网投资企业和莱秀互联网科技有限公司。三次创业，前两次均已失败，这次正值公司获得多轮融资的当口，却选择从 22 楼纵身跃下，结束自己的生命。

资本是一只无形的手，扼住了每一位创业者的命运咽喉。创业者熬得过，出众；熬不过，出局。

随后，接连有创业者因过劳而猝死，也让创投圈陷入一阵悲戚。国庆过后，杭州探索传媒发布讣告，公司董事长兼总经理董某某因筹备公司上市事务劳累成疾，突发脑梗逝世，年仅39岁。10月20日，大特保CEO周某的死讯在其朋友圈发布，同样因脑梗致死。周某2014年创立了大特保，以互联网的形式推广普惠型健康险，曾推出红极一时的"雾霾险"。然而，创业者自身健康却严重缺乏保障。"过劳死"似乎成为圈内的"非罕见现象"，周某朋友圈中"累了"两个字道出了创业者的心酸，反映了他们身上背负的巨大压力。①悲戚之后继续玩命地投入创业，谁知道"成功"和"死亡"哪个来得更快。

创投圈的低气压在不断发酵和蔓延，一些悲观论调在网上热传。《中国新闻周刊》等媒体、网易沸点工作室等新媒体以《80后创业天才自杀：拼尽全力，还是活不起》《创业残酷，你不必永远坚强》等为题报道了茅侃侃自杀事件;《我为什么劝你不要创业》等文章在微信热传，吐槽"如今创业流的泪都是当时脑子进的水"。还有的文章着力渲染创业的残酷，称"创业就是一场残酷的游戏。赢了，投资协议成为现实，输了，血本无归。嗜血的不仅是投资人，还有残酷的行业竞争。"

"创新不易、创业艰辛"是当下创业者的共鸣，也是2018年创投圈的真实写照。从上述自杀、猝死事件可以看到，创业者在2018年背负着行业发展增速放缓、企业盈利艰难的巨大包袱，而这背后是与前几年资金狂热相对的资本退潮所带来的融资困境。

一方面，资金端出现机构募资难，"钱荒"不断蔓延。清科研究中心数据显示，2018年上半年中外创投机构共新募集261支可投资于中国大陆的基金，同比下降38%，披露募资规模的234支基金新增可投资

① 又一创业者猝死，大特保CEO突发心脑血管疾病不幸离世.微信公众号"猎云网".https://mp.weixin.qq.com/s/CdwN9yn2ziuL4_4bzmn8SQ.

于中国大陆的资本量为 794.67 亿元，同比下降 44.1%，平均募资规模为 3.4 亿元。2018 年前三季度，中国股权投资基金新募集数量共计 2098 支，同比下降 24.9%；披露募集金额合计 5839.26 亿元，同比下降 57.1%，募集规模显著下调。

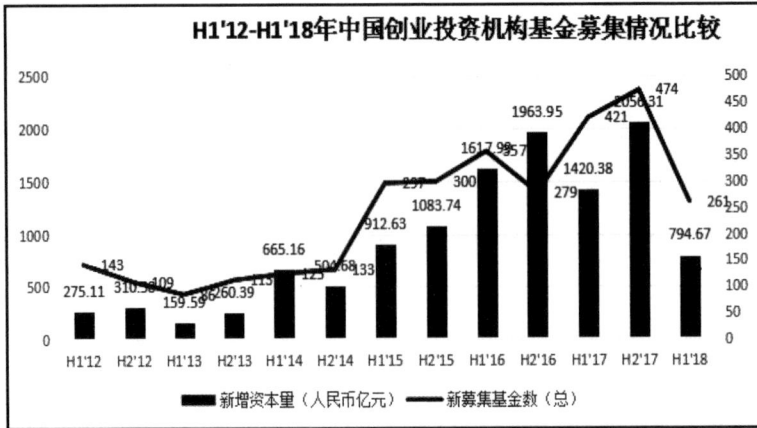

图 6-1:2012-2018 年半年度中国创业投资机构资金募集情况
数据来源：清科研究中心

出于对未来募资难的担忧，机构普遍采取谨慎观望态度，投资速度整体放缓。普华永道发布的 MoneyTreeTM 报告显示，在资金端收紧、证券市场持续走低的背景下，投资人出手愈发谨慎。其中，2018 年上半年私募及创投（PE/VC)在科技、媒体及通信（TMT)行业的投资为 2096 笔，环比减少 17%。

创业者这端对"钱荒"的感受更加明显。36 氪调查显示，2018 年，创业者面临的大部分问题几乎都可以归结为三个字——钱没了。19.61% 的创业者担心"后续融资跟不上，撑不过寒冬"，15.69% 的创业者"账上快没钱了"。

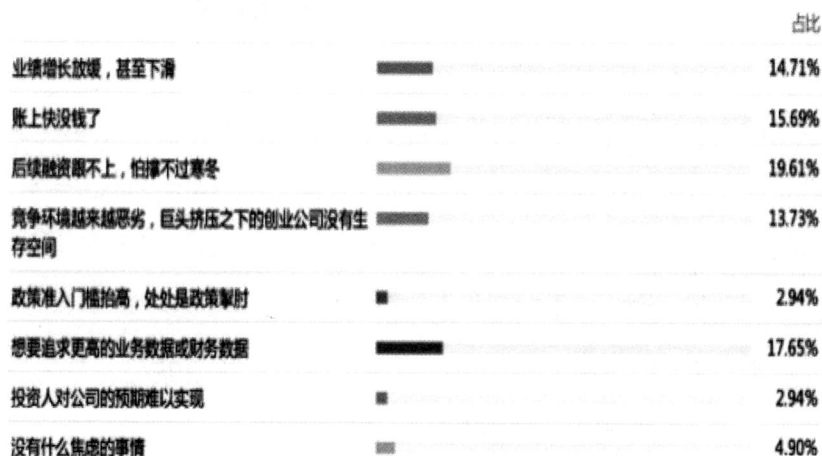

2018年来最让你感到焦虑的事情是什么？　单选

		占比
业绩增长放缓，甚至下滑		14.71%
账上快没钱了		15.69%
后续融资跟不上，怕撑不过寒冬		19.61%
竞争环境越来越恶劣，巨头挤压之下的创业公司没有生存空间		13.73%
政策准入门槛抬高，处处是政策掣肘		2.94%
想要追求更高的业务数据或财务数据		17.65%
投资人对公司的预期难以实现		2.94%
没有什么焦虑的事情		4.90%

图 6-2：2018 年来最让创业者感到焦虑的事情
数据来源：36 氪

　　另一方面，资金追捧、创业涌动的领域也存在生死考验、艰难谋生的情况。以人工智能（AI）为例，风投调研机构 CB Insights 的数据显示，2017 年全球共有 152 亿美元资金流向 AI 初创企业，中国 AI 创业者获得了 73 亿美元投资，占比 48%。[①]进入 2018 年，中国 AI 行业巨额融资更是频繁发生：商汤科技相继获得了 6 亿美元的 C 轮融资、6.2 亿美元的 C+ 轮融资和 10 亿美元的 D 轮融资；旷视完成了近 12 亿美元的融资。

　　然而，与以高昂的估值吸引巨额资金形成鲜明对比的是，中国 AI 公司普遍存在营收困境，营收达 10 亿元的公司不到 5%。它们既要面对来自谷歌等行业巨头的"碾压"，又要和国内蜂拥而入的竞争者抢占剩余市场。在资本泡沫和残酷现实碰撞下，创投圈媒体 GPLP 预计未来 90%

①AI芯片：融资火热盈利不易.慧聪电子网.https://www.sohu.com/a/223710289_268363.

的AI初创公司将落败出局。①

面对"双创"的发展瓶颈，2018年的政府工作报告强调，要打造"双创"升级版。其中重点是要努力破解阻碍"双创"升级的体制机制问题。但在现实中，用老办法管新业态的做法还比较常见。比如，一些行政审批没有照顾创新的需要，按照普通工业企业的硬性标准去要求高精制造业；一些行政指令老化，未能根据发展现状积极更新；还有一些地方制度一年一变，偏重短期优惠政策供给，而忽略了长期规划。②监管滞后于创新，很可能会遏制创新。打造"双创"升级版，政策从"大水漫灌"到"精准滴灌"，尚需时日。

"钱荒""人慌"的困境，让市场和舆论作出"双创"进入凛冬的判断。然而，凛冬虽至，过即逢春。对当下经济和社会生活稍作观察不难发现，"双创"已经内化为国家发展的新常态，默默积蓄着推动经济发展的能量。

国家市场监管总局数据显示，新创企业规模不断扩大。2018年前11月，新设市场主体1939.8万户，同比增长11.6%，其中，新设企业604.2万户，同比增长10.1%，日均新设企业1.81万户。③这些"双创"主力军正推动着新产业、新业态、新商业模式的"三新"经济成为中国经济的源头活水。同时，"双创"范围不断延伸，发展模式不断升级。打造"双创"升级版在各地、各行业推进得如火如荼，已从仅依靠小微企业、创业团队等"单兵作战"逐步转向龙头企业、科研院所等多主体

---

① AI投资的"危"与"机". 站长之家网. http://www.chinaz.com/start/2018/1127/962889.shtml.

② 80后创业期盼"真正的风险投资".《经济参考报》.http://dz.jjckb.cn/www/pages/webpage2009/html/2018-04/20/content_42755.htm.

③ 今年前11个月我国日均新设企业1.81万户.央视新闻网.http://jingji.cctv.com/2018/12/27/ARTI0UJHsjY8lJSVRjtOwUPZ181227.shtml.

参与的产学研用协同的新格局，从产业链整合走向跨界融合，从在盈亏临界点中挣扎到实现规模化增长，"双创"正全面释放创新活力。

可以说，"双创"已经深入人心，并成为中国经济发展的重要"基因"，激发市场无限活力，形成新动能，助推经济高质量发展。

第二节　"互联网+"之黎明破晓

自"互联网+"概念提出以来，热情拥抱互联网的各行业、各领域不断推陈出新，经济形态裂变式发展，通过移动互联网、云计算、大数据、物联网等技术，促进电子商务、工业互联网、互联网金融等高速发展，给经济、社会带来了翻天覆地的变化。2017 年 5 月，与高铁一道，其他搭载"互联网快车"的新经济形态——移动支付、共享单车、网购更是被来自"一带一路"沿线的 20 国青年评为中国的"新四大发明"。①爆发式增长、发展之后，2018 年的互联网领域面临"大考"，P2P、顺风车、共享单车等行业进入"至暗时刻"，互联网行业巨头面临发展"拐点"，部分互联网企业寒意凉凉。

2018 年 P2P 网贷行业的主旋律本应该是合规备案，但"爆雷潮"席卷行业，多米诺骨牌效应持续蔓延。据网贷之家研究中心不完全统计，2018 年有 658 家问题平台，出现包括提现困难、经侦介入、跑路及网站关闭等问题。其中，6 月问题平台数量较前几月激增，达 80 家；7 月问题平台高达 194 家，创 2018 年单月数量最高峰，并有多家百亿级交易规模的平台"出事"，如牛板金、钱爸爸、PP 基金等。

纵观 2018 年网贷平台的"爆雷"原因，有的是"先天不足"，没有

---

① 从"新四大发明"看中国如何创新.《中国科学报》.http://news.sciencenet.cn/html-news/2018/3/405971.shtm.

通过网贷行业备案新规、金融去杠杆等系列监管"大考";有的是自己"埋雷",存在资金池、变相自融、关联担保等违规操作;还有的是被队友"坑",平台接连"爆雷"导致市场恐慌,引发挤兑风波,危及全行业。统计显示,在6月16日号称交易量达800亿元的唐小僧"出事"之前有10家问题平台,此后则有52家平台出现问题,"唐小僧事件"加速甚至导致了"爆雷潮"的出现。①

2018年年中,网约顺风车接连发生女乘客遇害悲剧,引发舆论愤慨。5月6日凌晨,祥鹏航空公司一名空姐在郑州航空港区搭乘滴滴顺风车途中,被司机刘某性侵并杀害。8月24日下午,温州乐清一名20岁女子在虹桥镇乘坐滴滴顺风车前往永嘉途中,被司机钟某强奸并杀害。两起事件发生后,均有媒体曝光涉案司机有不良"前科":刘某系违规借用其父的顺风车账号接单,并曾经被投诉言语性骚扰,但未受到处理;钟某事发前几天被一女乘客投诉其企图不轨,但滴滴平台直至乐清女孩受害案发都未有反馈结果。

对两起案件追根溯源之后,舆论都将矛头指向了滴滴顺风车平台,认为平台在事前对顺风车司机的审核形同虚设,事中突发紧急事件响应机制缺乏,事后投诉处理严重滞后甚至存在忽视之嫌。一起又一起悲剧,让人不禁纠结"网约车到底还能不能坐?"共享经济缺乏"安全防护",又将走向何方?

还有的行业,在经历一轮"烧钱"、一轮"厮杀"后,胜出者接着又坠落一个没有赢家的死局。2016年9月,共享单车进入大众视野,在资本热捧下迅速蹿红。一时间,大街上出现了赤橙黄绿青蓝紫等各色共享单车。随着政府加强整治共享单车乱停放、出事故等乱象,加之资本

①P2P急退潮:半月45家平台爆雷3年后正常运转平台或不超200家.搜狐号"财包公".http://www.sohu.com/a/241519910_100163274.

比拼、业内站队，行业最终形成了摩拜和 ofo 的双寡头格局。但理想中的"盛世光景"并未到来，反而双双于 2018 年陷入"死局"。1 月，摩拜兼职做起电商；4 月，"卖身"美团；12 月完成交接，原创始团队出局。11 月，ofo 被爆押金难退，据网上传言，创始人戴某在内部会议中发声："哪怕跪着也要活下去"，一度成为舆论焦点；12 月，出现大批用户围堵 ofo 总部要求退押金的群体事件。①产业链上游的自行车制造商随之跌宕起伏，先是体验了"一夜复活，满地是钱"的快感，而后又被无情地打碎希望。至此，有自媒体宣告"共享单车大败局，堪称中国创业史上最疯狂试错！"②

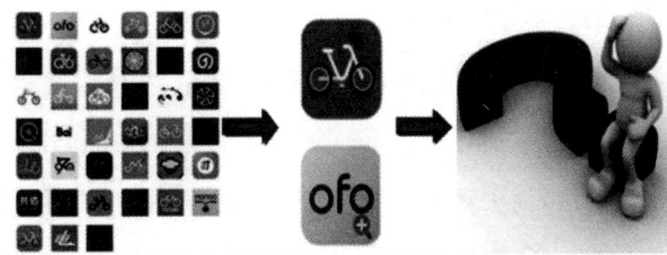

图 6-4：共享单车行业发展情况

比起共享单车，共享汽车烧钱速度更甚。尽管共享汽车更被市场看好为未来出行的新兴方式，但近期共享汽车平台的接连倒闭，让人不禁怀疑共享经济是一个"假风口"。截至 2018 年上半年，国内的共享汽车企业共出现 500 余家，累计投放的共享汽车超过十万辆，但大部分都是默默无闻地出现然后倒闭。5 月，麻瓜出行宣布停止服务；6 月，中冠出行被曝跑路；9 月，巴歌出行疑似倒闭；同月，途歌悄悄从各运营城

①ofo 被曝退押金周期再延长！网友喊话"赶紧还钱".中新网.http://www.chinanews.com/cj/2018-10-27/8661661.shtml.
②共享单车大败局，中国创业史上最疯狂试错.新浪创事记.http://tech.sina.com.cn/csj/2018-11-29/doc-ihpevhcm2531625.shtml.

市撤退，甚至可以在西安二手车市场买到途歌的共享汽车；12 月，途歌陷入押金难退、无车可用的困局；同月，兔司机传出资金断裂，被爆疑似跑路。①共享汽车遭遇规模化退潮，寒流涌动。

2018 年，有关国内互联网行业巨头的重大新闻不少，发展前景牵动众人心。9 月 10 日教师节之际，阿里巴巴集团创始人马云宣布将于 2019 年 9 月 10 日起不再担任该集团董事局主席，届时由现任集团 CEO 张勇接任。②阿里将成为中国年轻民营科技行业首家代际更替的大型企业，而马云将投身慈善教育，圆青年时代的教师情结。在大家心目中，马云是阿里的精神领袖，是阿里前进的火车头，离开马云的阿里会怎样，引人注目也让人心生担忧。

同是 9 月，腾讯宣布内部架构大调整。腾讯董事会主席兼首席执行官马化腾表示，这是腾讯迈向下一个 20 年的主动革新与升级迭代。这次调整，腾讯新成立了云与智慧产业事业群、平台与内容事业群；原有的微信事业群、互动娱乐事业群、技术工程事业群、企业发展事业群继续保留；整合社交与效果广告部和原网络媒体事业群广告线，成立新的广告营销服务线。③腾讯这次架构改革是"慢了半拍"还是"引领未来"，还需看日后成效。

9 月初，网络上流传一张截图显示，某大型上市公司创始人刘某在美国涉嫌性侵女大学生，遭当地警方逮捕。随后几个月，事件进展及各方回应始终是舆论热点和资本市场焦点。12 月 22 日，美国检方决定不

①共享出行遇寒流，多家共享汽车平台身陷困境.《新京报》. http://www.bjnews. cn/auto/2018/12/27/534236.html.

②马云宣布 1 年后不再担任阿里董事局主席现任 CEO 张勇将接棒.人民网. http:// yn.people.com.cn/n2/2018/0910/c378440-32036462.html.

③腾讯架构大调整：做 6 年的规划，看 20 年的趋势.亿欧网. https://www.iyiou.com/ p/82484.html.

予起诉，但舆论却认为相关回应证实了刘某"婚内出轨"，存在"私德问题"，并掀起一片指责之声。刘某公众形象崩塌，对该公司造成极其负面的影响。随后，坊间传言不断，有称刘某宣布退出公司管理层，这让与刘某高度捆绑的公司面临"生死劫"。

与此同时，部分互联网企业不断传出裁员或缩招、上市破发等"危机"信号。8 月，美食团购及外卖平台美团、互联网招聘平台拉勾网相继爆出裁员信息；10 月，阿里、京东等企业出现不同程度缩减岗位招聘；11 月底，网传互联网金融巨头宜信公司要裁撤 1/3 员工，并有自称宜信员工的人士予以证实；①11 月中旬，网传锤子科技资金链极度紧张，已开启全公司裁员计划，只留 40% 人员，12 月底，媒体曝光锤子科技被法院冻结存款 450 万元，或已临危急存亡之秋。②

为应对寒冬，互联网公司纷纷在 2018 年赴美或赴港上市"谋生"，包括爱奇艺、B 站、小米、美团点评、拼多多、趣头条、英语流利说等公司。然而，不少行业独角兽遭遇破发窘境。优信二手车 6 月赴美上市，当天破发，如今市值已经从最后一轮融资的 32 亿美元估值缩水到 20 亿美元以下。据统计，2018 年以来港交所新股破发率高达 72%，猎聘、小米等明星股也一度深陷"破发魔咒"。2018 年这一波资金链焦虑引发的上市潮，被媒体形象地称为"上市大逃亡"。③

"至暗时刻"过后，黎明待破晓。回首互联网这一年的发展，并非只剩惨败、萧条和无奈。所幸的是，大家在共享单车败局中，终于看清

① 互联网裁员潮再添一员：宜信被爆裁员 1/3，涉及人数超万名.钛媒体.http://www.tmtpost.com/3619743.html.
② 阿里、京东、美团、拉勾大裁员，互联网公司寒冬警报！.锌财经.http://www.so-hu.com/a/277927088_609542.
③ 上市、跑路、裁员……2018 年互联网生死场.36 氪.https://36kr.com/p/5165217.html.

烧钱竞赛并非长久之计，开始反思运营模式和盈利手段，进而转向细致深耕市场。需要看到的是，互联网企业虽然几家欢喜几家愁，但"追着风口跑""挣快钱"的狂热之风已然降温，行业生态日趋良好。"互联网＋"经济仍呈现出勃勃生机，移动支付、网购、在线教育、知识付费等已经广泛普及，并将持续扩大市场规模。值得称颂的是，政府在对市场监管过程中，正不断查缺补漏，提升管理水平。去除浮躁之风后的"互联网＋"经济，将在市场和政府的有效引导下，焕发新生。

第三节 产业转型升级之蜕茧成蝶

近一两年，传统企业"倒闭"的消息屡现报端，一方面有来自互联网发展、经济形态发生变革的冲击，另一方面有来自我国用工、资源成本增加的重压。经济转型升级成为我国实现高质量发展的必然趋势，深化供给侧结构性改革，加快培育新动能，改造传统产能，淘汰过剩落后产能是必经之路。各行业也充分意识到转型升级的迫切性，不断探索、寻求更适合经济发展、市场需求的新业态、新模式。但转型升级之路绝非一帆风顺，由于内外承压，一些产业面临"存亡"之忧，陷入"发展"之困。

制造业转型升级面临严峻的形势。首先，曾经的"行业大佬"日落西山，转型升级之路艰难，濒临存亡边缘。7月中下旬，山东两家大型制造企业常林集团和晨曦集团相继宣布破产。其中，常林走高端配件发展之路不畅，企业频现资金困局，债务高达70亿元；国际油价、税制改革、环保执法等因素叠加作用，使山东40%以上的炼厂处于亏损状态，也压垮了具有400亿规模的晨曦。同期，百亿级企业扬州大洋造船有限公司被法院宣告进行破产清算，导火索是无法清偿到期债权。

　　接连轰塌的"大象企业"让业界为之唏嘘，"中国制造业究竟怎么了？""转型升级之路怎么走？"从不同行业企业主吐槽"生存困难"之中或可窥见一二：有纺织厂老板称"数万元的毛利除去地方税费、销售费用、物流费用、管理费用、银行利息几大项后利润总额只有几十万，出租厂房比开工厂还多挣一百万。"①有建材厂老板称"几百万全都在机器里，但环保问题是个坎儿，判定不合规的拆完就走"。②有模具厂老板称"很担心行业被资本盯上，一夜之间产能就增加两三倍，但订单有限，于是就开始打价格战，直到没法生存。"③资本涌入、税收过重、成本上涨、"一刀切"式环保等几大困难，确实是当前横亘在制造业企业面前的坎儿。转型求生艰难，以至于很多老板口口相传着"生死不入制造业"的论调。

　　其次，高端制造业存在"失势"之虞。长三角地区生物医药、集成电路、高端装备等先进制造业在国内处于领先地位，是衡量全国实体经济冷暖的风向标。《21世纪经济报道》分析上市公司三季度财报发现，与2017年同期相比，长三角制造业企业总营收、总净利润增长均出现放缓态势，高端制造业净利润处于下降状态。长三角行业净利润规模排位依次为：汽车制造业、化学原料及化学制品制造业、黑色金属冶炼及压延加工业、电气机械及器材制造业、医药制造业及计算机、通信和其他电子设备制造业，各行业净利润分别为467亿元、233.5亿元、222.6

①辛苦一年，净利润30多万；厂房出租，多挣了100万！纺织老板：这笔账，我真的算不通……. 搜狐号"鲜面条网".http://www.sohu.com/a/244667813_737670

②因杠杆率飙升，规模以上私营企业正在消失！. "东方头条新闻"网.http://mini.eastday.com/a/180914191248707.html.

③制造业老板的心声：劳动不再致富. 微信公众号"正和岛". https://news.ctoy.com.cn/show-32539.html

亿元、184.4亿元、150亿元和138.4亿元。其中，化学原料及化学制品制造业、黑色金属冶炼及压延加工业分别实现54.6%、43%的增长，而医药制造业仅实现3.8%增长，电气机械及器材制造业及计算机、通信和其他电子设备制造业等高端制造业净利润处于下降状态。①

再者，制造业数字化转型困境重重。赛迪智库认为，随着消费者对品质和服务的要求日益提高，我国制造业面临日益上升的劳动力和原材料成本双重压力，传统制造企业数字转型已经不是选择，而是唯一出路。②据全球知名调研机构国际数据公司（International Data Corporation，简称IDC）调查数据显示，到2018年，67%的全球1000强企业和50%的中国1000强企业都将数字化转型作为企业的战略核心，表明大部分企业数字化转型的意愿十分强烈。然而，数字化转型过程纷繁复杂，不同行业转型路线也有所不同。很多制造企业愿意开展数字化转型，却不知道数字化转型从何入手；大部分企业对数字化转型定位不准、方向不明、路线不清，处于混沌状态，转型脚步停滞不前。

同样存在转型困惑的还有服务行业。新零售，依托互联网，运用大数据、人工智能等先进技术手段重塑零售业态，替代传统零售。随着阿里和京东等巨头有关新零售计划接连宣布、落地实施，新零售概念迅速升温，并广泛进入大众视野。但时至今日，新零售大多还处于概念炒作阶段，距离"收割利润"为时尚早。

以阿里系盒马鲜生为例，盒马某排名前列门店号称日销售额40万元、毛利率20%、客单价60元、送货成本12元/单。长江商业评论以

---

① 长三角制造业三季报：724家企业总营收超3万亿国企盈利能力更强.《21世纪经济报道》. http://epaper.21jingji.com/html/2018-11/19/content_96688.htm
② 赛迪智库：制造企业数字转型面临三大现实困境. "凤凰网".http://wemedia.ifeng.com/85433513/wemedia.shtml

此测算，该店毛利为 240 万元，前台店面费用 180-216 万元（参照传统超市前台店面费率 15-18%），扣减高达 144 万的后台物流费用后，月利润将为负的 84-120 万元。①2017 年 4 月，京东宣布"百万京东便利店计划"，2018 年 4 月 12 日刘强东又在 2018 年中国"互联网+"数字经济峰会公开表示，年底的目标要达到每天新开 1000 家京东便利店。但网络上有关京东便利店倒闭的消息一直延续至今。据媒体消息，截至目前，京东 7-Fresh 仅有 10 余家门店。②传统零售企业踩过的坑，新零售目前的模式貌似也无法避开。

观察我国产业转型升级的环境，外部竞争压力持续增加。改革开放以来，我国作为"世界工厂"，以强大的加工贸易推动经济飞速增长，跻身世界第二大经济体。然而，当前我国制造业面临着订单少、成本较高、融资难等困境。国际上，欧美国家围堵，东南亚国家步步紧逼，我国制造业处于"前有狼，后有虎"的艰难境地。近年，美国相继推出了很多扶持制造业的产业政策，惠普、苹果等美企陆续把工厂迁回本国。2018 年以来，中美贸易摩擦愈演愈烈，特朗普政府借由贸易问题不断施压，意图联合欧盟打压中国制造业。尽管 G20 峰会期间，中美元首达成共识为贸易战按下"暂停键"，但 11 月美国商务部工业安全署发布的最新技术出口管制等系列举措以及 12 月美加借伊朗问题扣留华为首席财务官孟晚舟等事件，均表明以美欧为首的发达国家始终欲对中国制造发展加以钳制，潜在隐患仍不容忽视。

另一方面，我国正在经历最新一次产业转移浪潮，不可避免地面对

①盒马首次披露运营数据，"满分答卷"迷倒全球投资者真的值得我们如此膜拜吗？. 搜狐号"孙团委". http://www.sohu.com/a/254397755_798994
②京东 7FRESH 一口气新开 8 家店，正式进军华南市场.搜狐号"零售老板内参". http://www.sohu.com/a/272267076_650513

来自生产成本低廉的东南亚国家的挑战。墨西哥也借由 2018 年重新签订的美墨加贸易协定、毗邻美国、具备高比例且用工成本低的制造业人才等优势，异军突起，不仅吸引了西门子、克莱斯勒等跨国公司到其国内建厂，还"突袭"了我国对美洲的出口额度，甚至极有可能抢占我国在全球的订单。①

与此同时，我国研发能力、技术水平短时间内难以跟上甚至超越发达国家，也成为制约我国经济转型升级的瓶颈。以新能源汽车为例，这被认为是我国实现"弯道超车"的领域之一。但目前来看，新能源汽车却还只是传统汽车市场的一种补充，未能形成规模。这与新能源汽车的核心技术——续航里程没有压倒性的优势有关。此前靠着政府补贴，新能源汽车火了一波，一大批企业和资本涌入，不少企业以"赚快钱"为本，在基础技术上漏洞百出，电池能耗大幅缩水。有车主反映，三年前新购电动车充电一次大概能行驶两百公里，现在只能维持约五六十公里，还不如电动摩托车，但更换一个电瓶却比电动车原价都贵。②此外，2018 年台风、暴雨、洪水等灾害频繁，电动汽车一旦泡过了水，也基本等于报废。

技术跟不上，优胜劣汰机制显现。一轮新能源汽车倒闭潮已经开启，并波及到电池、零部件等产业链上下游企业。实际上，2018 年是我国新能源汽车产业发展历程中的一个关键节点，4 月初双积分政策施行；6 月 11 日，新能源汽车过渡期补贴政策即将结束……一系列重大举措将中国新能源汽车产业逐步推向真正的市场化，"断了奶"的新能源汽车

---

① 成本高启，欧美围堵，东南亚步步紧逼：我能明显感到中国制造面临的压力. 微信公众号"正和岛". http://www.sohu.com/a/279386344_760842
② 中国首批新能源车主陷入困境：修不了！也修不起！. 微信公众号"汽车维修与保养". http://www.sohu.com/a/270545689_428861

行业能否潜心研究技术实现突破性发展，仍未可知。

值得注意的是，产业转型升级并非全面"哑火"，部分数据凸显了产业升级的亮点所在：从工业数据看，2018 年前三季度，工业企业利润增速放缓主要是产销的放缓，其他指标仍在优化，成本费用继续下降，杠杆率持续降低，盈利能力明显增强，供给侧改革成效凸显。此外，近期中央高层先后表态支持民营经济发展，市场信心逐渐升温态势将延续。从投资数据看，制造业投资扩张实现了显著的结构优化，从传统产业转向高技术产业和战略性新兴产业，从资源、人口红利转向知识红利，正在推动优质新产能的增长和制造业的高端化发展。2018 年前三季度，高技术制造业投资较制造业总体的同比增速高出 6.2 个百分点；战略性新兴产业、高技术产业增加值较规模以上工业增加值的同比增速分别高出 2.4、5.4 个百分点。①产业转型升级正呈现出"蜕茧成蝶"迹象，深耕细作、砥砺前行，假以时日，必将成为中国经济高质量发展的主引擎。

---

①程实：政策组合协同发力可期中国经济深耕稳待春来. 搜狐号"淘金视角". http://www.sohu.com/a/279458489_473256

社会篇

拷问与重塑

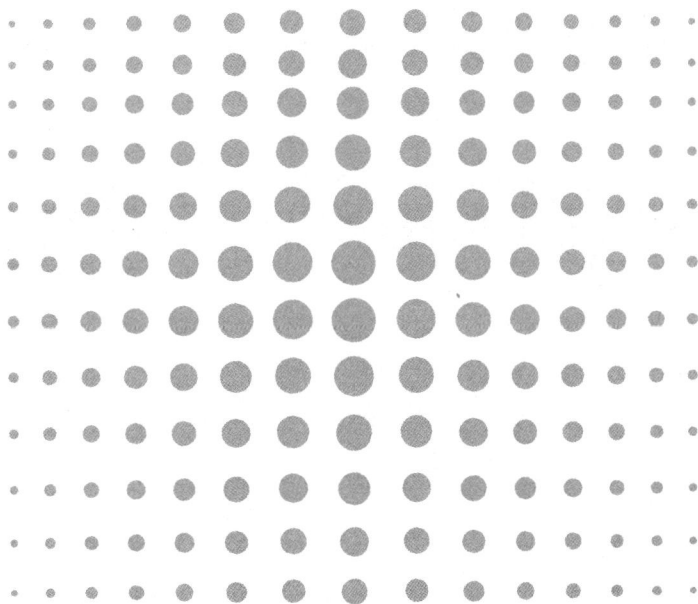

第七章
医疗：在伤痛中砥砺前行

2018 年，对于医药卫生领域，是不平凡的一年。这一年，一篇《流感下的北京中年》给我们上了一节沉重的科普课——流感远比我们想象的可怕，看病难、看病贵的问题仍然存在。这一年，一部名为《我不是药神》的电影推动了抗癌药降价保供政策的出台，造福了数以万计的癌症患者，成为全民记忆。这一年，长春长生问题疫苗案被曝光，国内疫苗行业陷入信任危机，整个生物医药行业受到冲击。这一年，丁香医生再立新功，揭开百亿保健帝国权健的神秘面纱。这些不平凡的事件，在网上掀起了汹涌的舆论浪潮，推动着医药卫生领域的改革。而这一年，医药卫生体制改革也的确不负众望。国家卫健委、医保局、药监局等三个"医药"相关部门新组建，确立了我国医药卫生监管的新格局。按病种付费改革在全国全面推开、抗癌药进口实现零税率、第一批罕见病目录正式发布、首部疫苗管理法征求意见稿公开……一系列全面彻底、富有开创意义的政策措施出台或落地，回应舆论关切，平复舆情波澜，给予伤痛中的人们温暖和抚慰，给予社会前行的力量。

第一节 药品价格：冰火两重天

岁末，生物医药领域的网站与自媒体开始盘点 2018 年度热门话题，"抗癌药"无可争议地入选。

2018 年初，几起癌症事件便引起了社会关注。

1 月 1 日，一名上海网友在微博发帖称："同学 28 岁，家中独子。确诊肝癌晚期，时日无多。他的妻子做的第一件事情，是打掉了腹中五个月的孩子，提出离婚。"在"妻子过于狠心"的道德追问之余，网上舆论开始聚焦"癌症越来越年轻化"。

1 月 7 日，四川资阳一男子发布寻人启事，发动网友寻找因癌症晚期写下遗书后离家出走的妻子许女士。但不幸的是，许女士最终被发现已跳江自杀。"输了这么久的液体不见好转，我很绝望……照顾好孩子，来生再做夫妻"。许女士凄美的离世遗言令网民泪目，其对癌症的悲绝也深深刺痛大众的神经。

同样是 1 月初，来自江苏的徐某突然在网上引发极大关注。一则讲述自制抗癌药救母经历的视频在朋友圈热传，让他和哥哥成为了"网红"，被称为"搏命药师"。徐某接受媒体采访时表示，自制抗癌药副作用不明，潜在风险极大，但进口癌症靶向药还未在国内正式上市，自己"不用这个药，就没什么药可以用"。虽然母亲最终离世，但兄弟俩为挽留母亲的孝行依然感动了一批网民。

因这些事件而泛起的纷繁舆论中，有一种评论被公认为"理性"声音——"癌症是一种耗钱的病，许多时候，最终结果是'人财两空'"。"恐癌"情绪通过网络渗透蔓延。

仲夏，《我不是药神》在全国各大影院热映。影片生动刻画了吃不起"天价救命药"的白血病患者寻求廉价进口仿制药的辛酸。"世界上只有一种病，就是穷病。"病患们痛苦又绝望的心境引发巨大社会反响。从 6 月 30 日全国点映到 7 月 5 日正式上映，短短数日，豆瓣网有超过 10 万人给影片打分，成就了国产影片中难得一见的豆瓣 9 分电影。一时间，央媒网站、新闻门户网站、微信公众号等各种网络渠道的评论文章像雪片一样铺天盖地而来。围绕抗癌药，一场关于仿制药、药品代购等话题的大讨论在网上展开，让以格列卫为代表的抗癌药物从癌症患者的小圈子真正走入公众视野。

在影片中，研发出新药的药企是令人憎恶的"反派"。不少医药界人士纷纷通过网络发声抗议被妖魔化："靶向药之所以昂贵到要卖几万元，那是因为你买到的已经是第二颗药，第一颗药的价格是数十亿美金。"虎嗅网等科技类媒体也刊文科普药品研发与可及性之间的矛盾——若低于成本价出售，造福了眼下的患者，却牺牲了在研的新药和未来的患者。

"印度是穷人的药房，所以全世界都在这里买药。"影片让印度强制许可仿制药进入公众视线。一些网站刊文表达不满，认为我国在专利强制许可的适用条件甚至比欧盟的立法还要严苛，呼吁中国政府效法印度，为"强仿"背书。然而，中国社科院公共政策研究中心副主任王震称，"强仿实际上是经济落后国家的做法，而我国作为全球第二大经济体，知识产权保护是国策。"多位专家在网上表达了类似观点。

一些网站则借机炒作国内进口抗癌药价格高于欧美。网上流传称，2015 年 1 月的一项跨国调研发现，抗癌药物格列卫在中国大陆的零售价格最高，不仅高于原产国，也高于欧美发达国家。舆论将此怪现象归因于饱受诟病的"中国式成本"——进入中国前须重新进行临床试验，

17%的增值税、15%的医院加价，专利保护期外仍单独定价……

最终，这部现象级电影得到了最高层的关注。7月18日，中国政府网刊发一则消息：李克强总理就电影《我不是药神》引发舆论热议作出批示，要求有关部门加快落实抗癌药降价保供等相关措施。有影评说，《我不是药神》让徐峥封神。能够直接推动抗癌药降价，造福国内数百万患者，徐峥无愧"药神"封号。

事实上，抗癌药降价保供早已被李克强总理提上工作日程。在2018年全国两会后的中外记者见面会上，总理表态称"抗癌药品进口税率力争降到零税率"。做出承诺短短20多天后，李克强总理于4月12日主持召开国务院常务会议，决定对进口抗癌药实施零关税并鼓励创新药进口。6月20日，李克强总理主持召开国务院常务会议，再次督促推动抗癌药加快降价。

相关部门雷厉风行，迅速落实总理指示。从5月1日起，进口抗癌药正式实施零关税。10月10日，17种抗癌药纳入医保报销目录，与平均零售价相比，平均降幅达56.7%。《华夏时报》称赞道"总理两会承诺神速兑现"。百家号"健康并快乐"称，一时间，无数医务工作者争相转告，万千癌症患者更是喜大普奔。

进口药、抗癌药价格下调的同时，一些常见药、低价药、原料药的价格却不断上涨，2018年的医药行业上演了冰火两重天。

2018年8月，大家医联医生集团创始人、北京阜外心血管病医院副主任医师孙宏涛在微信朋友圈求助：替大家医联霸州医院求购罂粟碱针剂。除了供货不足，孙宏涛还感叹道，"像罂粟碱这样的常用药、救命药，6月份的时候只有3元一支，现在的价格是39.8元一支，还是批发价格！"

关于药品短缺、涨价的消息不断曝出。7 月 23 日，辽宁省药品和医用耗材集中采购网发布了一则通知：12 个药品由于原料、企业生产线改造等原因而造成产能不足；13 个药品由于采购不到原料而停产；17 个药品以原料药价格上涨、中标价格低为由不能正常供应。8 月，上海市 2018 年第二批常用低价药品挂网采购未公布药品情况说明。牛黄解毒片、板蓝根颗粒、六味地黄丸等多个常用药被认为涨幅过大。据医药行业网站丁香园旗下 Insight 数据库，2018 年以来，抢救类药物价格迅速走高，平均价格较往年增加 10 倍以上，少数药物涨价甚至近百倍。一些药企也公布了产品提价的信息。华润三九披露投资者记录表显示，对三九胃泰、感冒灵、强力枇杷露等产品进行了小幅度的提价。吉林敖东下发通知，自 9 月 15 日起，其拳头产品安神补脑液的零售价上调 30%。太极集团发布公告，从 11 月 1 日起，对藿香正气口服液的出厂价平均上调 11%。

对于涨价的原因，除行业监管趋严、环保要求升级外，几乎所有的分析都指向了原料药涨价、供给不足。

表 7-1：部分原材料价格上涨情况　来源：丁香园论坛

药品名	2017 年底价格	2018 年 10 月价格	涨幅（单位：倍）
苯酚	230 元 /kg	23000 元 /kg	99
马来酸氯苯那敏	400 元 /kg	23300 元 /kg	56.5
葡甲胺	210 元 /kg	8000 元 /kg	37
尿酸	30-40 元 /kg	900 元 /kg	24.7
异烟肼	150-200 元 /kg	3800 元 /kg	21.3
维生素 B_6	150 元 /kg	980 元 /kg	5.5
肌苷	92-95 元 /kg	600 元 /kg	5.4
维生素 A	145 元 /kg	850 元 /kg	4.86

不少业内人士表示，实际上，原料药生产已经形成了垄断格局。国

家发改委价格监督检查和反垄断局此前发布的信息显示，我国共有约1500 种原料药，但其生产掌握在少数生产企业手中，其中 50 种原料药只有一家企业取得审批资格可以生产，44 种原料药只有两家企业可以生产，40 种原料药只有 3 家企业可以生产。①少数原料药企业拥有市场支配地位，为垄断行为提供了温床。有观点认为，现在通行的商业公司"包销"也为操纵市场价格埋下了隐患。

12 月 6 日，网上曝出消息：当日，国家市场监管总局公布对三家冰醋酸原料药生产企业实施垄断行为依法处罚 1283 万元。市场监管局反垄断局滥用行为调查处处长刘健介绍，"这是我国《反垄断法》实施以来，开出原料药领域反垄断案的最大罚单。""最大罚单""重拳出击""严打垄断"……监管部门的一记重拳，赢得网上舆论纷纷叫好。动辄翻倍的药价已经令消费者深感"吃不消"。《北京日报》刊文聚焦常去医院的老年人——他们正急切期盼着，随着这次国家监管部门强力介入，药品可以早日降价。

第二节　药品质量：待从头收拾旧河山

2018 年，对于中国医药行业，可谓多事之秋。《我不是药神》还没在影院下线，《疫苗之王》又在网上迅速串红。

7 月 15 日，长生生物疫苗案曝光，当日国家药监局称发现长生生物狂犬疫苗生产纪录造假，已对其立案调查。截至此时，事件尚未爆发。7 月 19 日，长生生物发公告披露，公司全资子公司长春长生 7 月 18 日收到《吉林省食品药品监督管理局行政处罚决定书》。据悉，长生生物

---

① 原料药涨价、断供常用药价格一路上扬.新华网.http://www.xinhuanet.com/fortune/2018-12/04/c_1123803342.htm.

公司生产的不合格百白破疫苗于 2017 年 10 月被吉林省食药监局立案调查。时隔近一年，处罚决定终于下达。事件关注度开始上升。7 月 21 日，微信公众号"兽楼处"刊文《疫苗之王》，爆料高俊芳（长生生物董事长）、杜伟民（康泰生物董事长）以及韩刚君（前江苏延申生物董事长）等三位"疫苗之王"的发家史、问题疫苗史。①文章点燃网络，引发全民刷屏。自此，长春长生问题疫苗案件置身于舆论风暴口。

另一家疫苗生产企业——武汉生物也被曝于 2017 年 11 月被监管部门查出 40 余万支百白破疫苗效价指标不合格。至于具体流向、召回情况、不合格原因和有效性检验等信息却迟迟没有公布。舆情风暴再次升级。

百白破疫苗属新生儿必打的疫苗。不少家长在恐慌中翻找自家孩子的疫苗接种本。阿里、百度、搜狗、腾讯、360 等互联网公司先后上线了问题疫苗查询功能，为茫然无助的家长们提供了些许便利。然而，很多家长痛心地发现，国内疫苗生产格局实为寡头垄断，想要避开长生生物或武汉生物这两大寡头，谈何容易。

7 月 22 日深夜，网上传来消息，李克强总理就疫苗事件作出批示：必须给全国人民一个明明白白的交代。23 日，正在国外访问的习近平总书记作出重要指示：一查到底，严肃问责。高层接连作批示指示之后，一场始自长春长生、覆盖全国 45 家疫苗企业的彻查迅速启动，涉及多个省份的疫苗补种工作也随即展开。

然而，事态并未就此平息。"广州一女婴接种长生生物百白破疫苗后得百日咳"等疫苗接种异常反应案例不时被曝出。民众的情绪像潮水一样，随着网上的最新爆料，起伏波动着。自媒体纷纷刊文将问题疫苗

①编者注：《疫苗之王》内容真实性引发多方质疑，康泰生物曾公开回应称"多出不实"。

与三聚氰胺奶粉类比，认为问题疫苗已经击碎了民众的信任，哀叹信任重建艰难。《21世纪经济报道》等媒体关注到"异地接种兴起，香港接种、进口疫苗火爆"。

疫苗风波未平，药品安全事件却纷至沓来。

7月5日，欧洲药品管理局（EMA）发布公告，宣布上市公司浙江华海药业生产的原料药缬沙坦含致癌杂质。欧盟各国、美国、中国国内先后紧急召回。搜狐号"药春秋"等医药领域自媒体指出，缬沙坦在心血管系统药物类目中排名第10位，市场容量巨大。此次爆发的安全性问题，波及范围甚广。

8月24日，复星医药控股子公司重庆医药工业研究院有限责任公司被内部员工举报严重违反药品管理法。10月12日，重庆市食药监局官网发布行政处罚公告，认定重庆医工院存在变更注册生产工艺、违法生产药品的事实。财新网等媒体深挖发现，制药企业违反药品生产规范、擅自修改生产工艺已是行业普遍现象。业内人士认为，这与药品工艺申报变更需要耗费数月甚至数年有关。为了控制成本，多数企业选择了长期违规生产。

一再发生的质量安全风波，令国产药品的信任危机逐步加剧。"疫苗只是冰山一角"的情绪化判断在网上随处可见。信任重建，任重道远。

2016年2月6日，国务院办公厅发布关于开展仿制药质量和疗效一致性评价的意见指出，国家基本药物目录（2012年版）中2007年10月1日前批准上市的化学药品仿制药口服固体制剂，应在2018年底前完成一致性评价。因此，2018年一开年，以"大限之年"为焦点的评论文章便频频出现在医药行业网站显要位置。"药企该何去何从""药企慌了吗"，行业网站不时刊文对药企的市场前景表达担忧，"放宽期限"的呼吁声不断。通过这场声势浩大的网络讨论，国内民众了解到，过去批准上市的药品没有与原研药一致性评价的强制性要求，有些药品在疗效上与原研药存在差距。对已经批准上市的仿制药进行一致性评价，是在补历史欠账。

网上开始炒作中国与印度药品的质量差距。一些自媒体翻出第一财经 2017 年的一篇调查报道——《WHO 预认证：中国药企陌生的掘金机会》。报道指出，聚焦在已通过 WHO 预认证可以进入全球采购的目录上，我国产品的数量屈指可数。截止到 2017 年 7 月，中国药品和疫苗通过 WHO 预认证的数量分别仅为 22 个和 2 个，而印度分别为 336 个和 44 个。

《21 世纪经济报道》、海外网等主流媒体也怒其不争，指出中国虽然是仿制药大国，仿制药品种、品规数量巨大，但多数国产仿制药药品质量与原研药存在较大差距，很难抢占进口原研药市场。

业内人士对仿制药一致性评价寄以厚望。北京鼎臣医药管理咨询中心负责人史立臣指出，一致性评价就是要把原本临床数据不规范或自身研发能力有问题的企业排除在外。中国药学会理事长、原国家食品药品监督管理总局副局长孙咸泽指出，虽然"举步维艰"，但是一致性评价这条路径是可以走通的。中国药科大学国家药物政策与医药产业经济研究中心项目研究员颜建周等专家则呼吁，国家进一步完善医药产业政策环境，提高高品质仿制药的研发能力；同时，落实仿制药替代使用政策，提高仿制药企业参加一致性评价的积极性，形成药品提质增效的良性循环。

第三节　医疗供给：短缺与泛滥

2018 年 2 月，一篇《流感下的北京中年》刷爆朋友圈。文章记录了作者的岳父从患流感到去世的经历，引发强烈共鸣。很多网民反映第一次用手机一口气读完 2.5 万字的长文。在问答社区知乎上，对于"如何看待《流感下的北京中年》这篇文章"这一提问，很多回答感慨道，要"相信医生""相信科学"。39 健康网等众多医学领域媒体则开始向公众科普"看《流感下的北京中年》，别当流感是小病！"

除了流感的可怕，文章描述的大医院"一床难求"、血库缺血等"看病难"问题，更令人不安。微信公众号"人民日报评论"称，"在文中我们看到医生的敬业与努力，却也看到优质医疗资源的短缺。"

网文作者的岳父患病时正值 2017 年底、2018 年初的季节性流感高峰。多地三甲医院发热门诊、儿科门诊爆棚。微信朋友圈、自媒体纷纷晒出图片——拥挤不堪的医院大厅、疲惫候诊的患者，直击人心。上海交通大学医学院附属新华医院小儿普内科副主任黄丽素指出，"其实普通门诊里大概有三分之一的孩子是不需要来就诊的"。财新网调查发现，绝大多数基层医疗卫生机构没有建设发热门诊，因此，在遇到发热 38℃以上的病人时，只能转诊至有发热门诊的二三级医院。

大医院门庭若市，而基层医院门庭冷落。业内开始质疑"分级诊疗几乎失灵"，调侃这个流感季让中国的分级诊疗"水落石出"。第十二届全国人大代表、无锡市人民医院副院长、胸科专家陈静瑜博士在新浪微博发文吐槽："大部分病人都是普通感冒社区病人，真正危重病人无法收治，分级诊疗制度形同虚设"。

"超过 5 亿人有了自己的家庭医生"的说法因为这个流感季而再次

遭到拷问。同样让这一数据难堪的是，有关医生短缺的消息频频被曝光。

流感季期间，作为易感人群，大量儿童中招。"重庆儿科医生累倒在接诊大厅""天津市海河医院儿科医生被迫停诊"的消息接连曝出，儿科医生短缺成为各地的普遍现象。

2018年5月起，一篇题为《谁还会在中国做医生》的网络文章在微博微信中热传。后又经改头换面，以《一个医生的自述：这才是中国医疗的真相（潸然泪下）》《"复旦医学博士联盟"发声 中国医生的悲哀》等标题不断传播。文章细数收入低、工作累、医患关系紧张等中国医生的"生存现状"。实际上，该文是微信公众号"复旦医学博士联盟"发表于2014年11月13日的一篇旧文。该文曾几经炒作，每次都能够在舆论场上掀起波澜。

2018年10月，以"评论、深度、调查"为特色的半月谈网刊文《60万医学生仅10万从医——年轻人为何不愿穿"白大褂"》，引起激烈讨论。在微博热搜话题的讨论中，网民纷纷感慨，医学生从医的比例竟然只有1/6，远远低于大家的预想。《钱江晚报》指出"数据没有错，但解读不靠谱"。60多万是指医学毕业生，而10万是指新增执业医师。只有部分专业的医生毕业生才有资格参加执业医生考试，进而成为执业医生。因此，这数据并不能体现医学生从医的态度。中青在线更是引用专家观点，直接批评对医学专业盲目唱衰是不理性的。

与医学毕业生从医意愿低存在争议不同，医疗行业分化严重获得网上舆论一致认同。新浪微博大V"丁香园"发文感叹"三甲医院重点科室非海归博士不要；基层医院甚至县医院，本科生都不愿意进了。"

"缺医""少药"的基层医院，面临着患者的"流失"。而民营医院，同样处于"吃不饱"的状态。新医改以来，非公医疗在政策以及资本的助推下蓬勃发展。尤其是 2014 年以来，民营医院保持着每年新增 2000 家的"生长速度"，弥补了公立医院资源不足和分布不均衡，为患者提供了一些全新的就医体验。

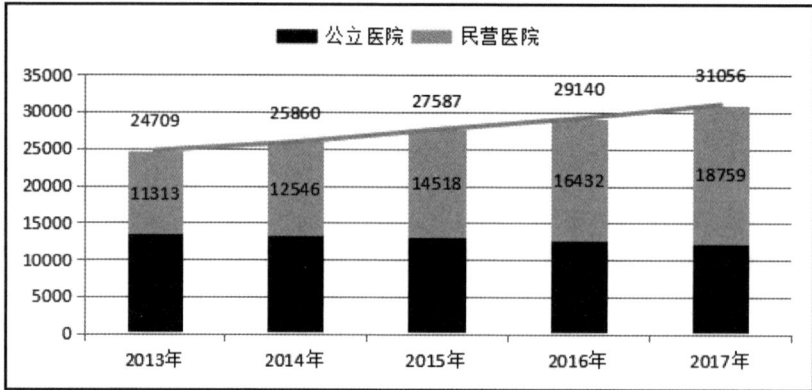

图 7-1：2013 年—2017 年我国医院数量
数据来源：国家卫健委官方网站

一路高歌猛进的民营医院，日子过得却并非顺风顺水。国家卫健委官方网站数据显示，2017 年公立医院诊疗人次 29.5 亿人次（占医院总数的 85.8%），而民营医院 4.9 亿人次（占医院总数的 14.2%）。健康界等业内网站指出，民营医院发展的最大瓶颈，依然是医生资源短缺。

为了盈利，一些民营医院通过网络竞价虚假宣传、手术台上"持刀要价"，甚至打起了医保的主意。

2016 年，西安电子科技大学大学生魏则西因患滑膜肉瘤病逝，其因误信百度广告而在莆田系医院就医经过引起社会广泛关注。百度的竞价排名商业模式为公众所诟病，最终百度认错，承诺对医疗业务进行调整。2018 年 4 月，"魏则西事件"两周年之际，媒体调查发现，百度整改的结果竟然是医疗广告信息由网站转到了移动端。

不思悔改的百度，果然招来了新的官司。9月9日，微信公号"央视财经"曝光，上海复大医院利用百度排名冒充上海复旦大学附属医院引诱患者前往就医，小病大治骗取钱财。旨在曝光莆田系医院的莆系网显示，上海复大医院为莆田系医院。

比莆田系医院更可怕的是权健系。2018年末，曾于一年前揭露莎普爱思滴眼液虚假宣传的健康科普平台丁香医生再立新功。12月25日，丁香医生在微信、微博同步推送爆款文章《百亿保健帝国权健，和它阴影下的中国家庭》，批判权健涉嫌非法传销、保健品欺诈。权健旋即陷入舆论漩涡。腾讯等媒体调查发现，权健通过旗下肿瘤医院来为旗下产品销售来背书，甚至承诺未来免费治疗癌症。根据权健之前公布的资料，其在全国的连锁医院已经达到300多家。澎湃新闻暗访天津权健肿瘤医院发现，医生不面诊不看病历，对于不同的病情，开出的方子是同一种抗癌民间秘方。

骗子和强盗，哪个危害更大？2018年，手术台上"持刀加价"事件一次次出现在大众视野。桂林桂北妇科专科门诊部、南宁远东医院、遵义世纪医院……这些被曝光的医院无一例外都是民营医院。

与人人喊打的虚假宣传、"持刀加价"不同的是，民营医院的另外一种非法行为却获得了"病人"的积极配合。11月14日，央视《焦点访谈》节目曝光沈阳市于洪区济华医院、沈阳友好肾病中医院内外勾结、骗取医保费用。这两家民营医院雇没有病的健全人住院来骗取医保钱，而这些"病人"则可以拿好处费。看起来"双赢"的交易，其实是在蚕食国家医保基金。此类案例早已屡见不鲜，甚至如央视节目所说"已经是公开的秘密"。相关消息登上微博热门话题第一位，骗保行为引发全民声讨。

民营医院的种种乱象，不断消磨舆论的信任。"公立医院资源不足，'莆田系'又不靠谱"，民众对民营医院的刻板印象进一步加重，求医问药的焦虑感进一步加剧。

然而，正如微信公众号"饭统戴老板"文章所言，莆田系不代表所有的民营医院，民营医院中也不乏武汉亚心、北京和睦家、厦门长庚这样的优秀代表。央视网呼吁清除害群之马，避免无辜的民营医院背上骂名。

民众有所呼，政府有所应。深圳、西安等多地卫生部门先后出台文件，对辖区内的民营医院进行专项整治。然而，中国消费网等认为，治理民营医院乱象，不能仅有卫生部门出手。民营医院中的乱象往往涉及卫生、物价、公安等多个方面，有关部门须形成合力。《南京日报》则提示，民营医院也要加强自律，切除"毒瘤"，提升服务质量，让政策红利变成真正的发展利好，补上优质医疗服务欠缺这块短板。

第四节 医改：一山放过一山拦

电影《我不是药神》有一个很喜人的结尾——政府把 4 万元一盒的抗癌药格列卫纳入医保了。然而，"入医保后，就可以高枕无忧了？"网上的评论文章也不乏这样的质疑观点。

"罕见病用药：进得了医保，进不了医院"，《南方周末》的这篇"泼冷水"文章借着影片的热度走红网络。文章指出，一年前，多发性硬化症用药倍泰龙纳入国家医保目录。然而，受卫计委的"药占比"①指标管

---

① 药占比是指病人看病的过程中，买药的花费占总花费的比例。控制药占比目的是降低虚高的药品价格，改变以药养医的现状，降低老百姓的医疗费用。百度百科.https://baike.baidu.com/item/%E8%8D%AF%E5%8D%A0%E6%AF%94/7385274?fr=Aladdin.

控等因素影响，大多数医院并没有引入的积极性。在北京、内蒙古、甘肃、陕西、江苏等省市，倍泰龙被医院拒之门外，进入药店的药则要全额自费，患者面临用不上、买不起的断药困境。其实，为了不让药占比把谈判药品挡在门外，2016 年 5 月，原国家卫计委曾发文要求，医疗机构谈判药品的采购数量暂实行单独核算。然而，《南方都市报》反映，各个省市对这一通知的落实程度并不一致，"暂实行单独核算"的规定并没有完全让谈判药品顺利进入医院。

2018 年，网上不时出现"买药难""被出院"的消息，提醒人们，在医院买不到的不只是抗癌药。年初，《经济参考报》《中国新闻周刊》等多家媒体集中刊文曝光，为了与医疗费用增长幅度控制在 10% 以下的国家目标对表，避免"超支"，湖南、四川等地的一些公立医院 2017 年底"突击控费"，限药、限手术，病人只能扛着。6 月 27 日，《羊城晚报》报道广州多名医保病人"被出院"的尴尬现象，"到达医保限额"是"被出院"的普遍理由。而类似情况上海媒体此前也有报道。

11 月 23 日，微信公众号"明哥在路上"发布文章"计划式生病，计划式死亡"走红网络。文章指出，由于"按病种付费"收费模式规定结肠息肉的医保额度是 4800 元，超额部分将转移到医生所在的科室。而且患者"当年同一病种的第二次住院治疗，全部要自费。"

"买药难""被出院"现象引发了网上普遍关注，"到底哪儿出了错"成为舆论争议焦点。主流媒体多刊文为医疗控费正名，陈述其初衷是遏制过度医疗，让患者看病更实惠。《新京报》指出"为指标强制出院"错在机械执行医保限额，南方网也认为"这是医院对医保定额的粗放管理造成的。"医院似乎成了众矢之的。然而，也有不少医疗界人士纷纷叫苦不迭，认为医疗控费政策存在"一刀切"的问题。医保局把医保限额下达到医院，医院把限额分解到科室，科室又把指标分解到医生，医生无奈，只能执行。

当"计划式生病，计划式死亡"这样的文章在网上病毒式传播，民众对政府管理的信心已经开始动摇。北京大学医学部免疫学系教授王月丹等专家发出警示：个别省市管理部门和医院在控费问题上简单粗暴，引发对于医保和医改前景的担忧，成为社会不稳定的隐患。

事实上，2018年，医药卫生体制改革持续向纵深推进，步伐从未停歇，民意一直在场。

一系列突破性政策措施出台，直指药品供应顽疾和新症，力保群众用药需求。6月8日，《第一批罕见病目录》正式发布。新京报网报道，该目录被业内视为罕见病保障的历史性突破。关注罕见病群体的网民纷纷留言称赞目录的出台体现我国社会的进步。

10月25日晚，《国家基本药物目录(2018年版)》正式发布，并将于11月1日起在全国正式实施。辽宁等省份规定"国家基药不占药占比"。11月29日，国家医保局等部门联合发布通知，明确国家谈判17种抗癌药品禁止进行二次议价、不占药占比。财新旗下新媒体"健康点"注意到，2018年，药品临床综合评价工作有了明确的框架和时间表，将进一步促进药占比考核走向精细化。

2018年，另一项医疗控费的重要举措——按病种付费改革在全国全面推开。《经济参考报》认为，2018年，按病种付费改革迈出了实质性一步，跑出了"加速度"。

2018年，"举步维艰"的仿制药一致性评价工作取得明显进展，部分仿制药达到和原研药质量疗效一致水平。有了这个质量基础，药品带量集中采购试点正式启动。12月7日，"4+7"（4个直辖市和7个省会城市或计划单列市）城市药品集中采购拟中选结果公布，平均 52% 的降幅超出市场预期，赢得舆论盛赞。媒体纷纷刊文欢迎，认为"国家药品集中采购带来降价福音""'国家团购药品'是民生之福"。在经历了一整年的药品涨价后，降价的消息刺激舆论情绪高涨。据新浪微博"微热点"数据统计，相关消息关注度持续走高，"采购药品"入选当日微博热词。

2018 年，药品从严监管、依法监管有目共睹。8 月 16 日，长春长生问题疫苗案迎来问责，7 名部级官员被处理，震惊全国。长春长生也难获"长生"，在被罚 91 亿元后，又收到深交所强制退市事先告知书，成为了 A 股有史以来第一家因为重大违法行为被强制退市的公司。10 月 22 日，药品管理法修正草案提交全国人大常委会审议。草案增加了 6 个"疫苗条款"，对疫苗实行重点监督。11 月 11 日，《疫苗管理法》向社会公开征求意见。全网关注我国疫苗发展史上的这一标志性事件。东方法治网等网站记录道，从 6 个"疫苗条款"到为疫苗管理专门立法，疫苗管理"换挡升级"。光明网、《北京青年报》等特别强调疫苗管理法出台的背景——长春长生疫苗事件"余音未了"。网上舆论称赞疫苗管理专门法律的出台"形成治理上的呼应""及时回应社会关切"。

"改革开放的每一步都不是轻而易举的"，总书记在庆祝改革开放 40 周年大会上的这句话，道出了改革的艰辛。改革的发展不是一帆风顺，而是会面临这样那样的风险挑战。

2018 年，医疗卫生领域的系列突破性改革措施，在赢得掌声的同时，也当即引出了警钟声和质疑声。《第一批罕见病目录》正式发布后，中国药促会医药政策委员会副主任委员、青岛市社会保险研究会副会长刘军帅接受媒体采访，一针见血地指出，医保部门缺席此次罕见病目录出台，孤儿药进入医保的议程或暂时搁置。再如，"4+7"城市药品带量集中采购大幅降低了药价。在网上一片欢呼之际，《第一财经日报》《证券日报》等财经媒体则聚焦药企或再现"低价中标死"的业内担忧。《南方都市报》更指出，厂家或在招投标过程中尽力压低报价，潜藏药品质量风险。

正入万山圈子里，一山放过一山拦。被公认为世界性难题的医改，注定充满坎坷。踏平坎坷成大道。十八大以来，我国医改取得了一系列举世瞩目的成就，证明了中国式医改的智慧，宣示着光明的未来。2019年，中国医改必将取得更大的新进展，织密人民的健康保障网，托起人民的健康梦。

第八章
教育：从兜底到提升

2018 年的教师节，全国教育大会在北京召开，这是建国后的第五次大会，会上习近平总书记从"国之大计、党之大计"高度概括了教育在新时代的重要地位。这一年，中国教育备受关注，一方面，政府频频发力，助推普惠性幼儿园遍地开花、城乡教育迈向均衡发展、课外培训机构乱象有效破解。另一方面，教育痛点仍存，如入园难入园贵困扰家长、城乡教育差距仍然较大、高考改革推进迟缓、教育焦虑情绪蔓延。舆论呼吁将教育改革推向纵深，优化教育资源配置，促进教育公平，抚平教育领域"焦虑"，让全体公民享受更加全面、高质量的教育。

第一节　学前教育：力促幼有所育

2018 年两会，教育部部长陈宝生在两会答中外记者问时直言不讳，"学前教育是新时期中国教育发展最快的一个部分，也是当前中国教育最大的短板之一"。[①]学前教育资源严重不足、师资力量薄弱、教育费用负担加重等引发广泛讨论，相关的提案、发言如"全国政协委员朱晓进：建立经费投入长效发展机制，努力让民办惠民幼儿园做到'惠而不

[①]陈宝生：确保到 2020 年普惠性幼儿园占比达到 80% 以上.人民网.http://lianghui.people.com.cn/2018npc/n1/2018/0316/c418529-29872142.html

伤'""人大代表庞丽娟：加大学前教师队伍投入，让家长更放心地去工作""董明珠：80后子女教育支出负担非常重"。学前教育一度成为2018年两会的热点话题之一。

"入园难，难于考公务员；入园贵，贵过大学收费"，这是流传在家长圈的段子，更是现实情况的写照。

根据2018年5月31日北京市人大常委会第四次会议上披露的数据显示，截至2017年底，44.6万的北京市在园儿童数量已经超过历史最高水平，按照教育部要求的85%的入园率测算，北京仍面临约17万个学位缺口；① 在山东，2021年适龄儿童将达到516万，学位缺口约170万个。②

入园难主要在于学位供给的不足，特别是以公立幼儿园为代表的优质教育资源的供给不足。严格和透明的收费标准、相对稳定的师资，吸引了不少家长报名，但公立幼儿园一般都有着严格的招生条件：户口、特定小区的房子，父母是本单位职工……这些条件将一大批人拒之门外。更为抢手的幼儿园还增加了"人户一致""出生落户"等条件，并要在符合要求的生源中进行排序。

入园贵则主要指私立幼儿园收费普遍偏高。私立幼儿园报名条件相对宽松，不受房产、户籍限制，但相比公立幼儿园，收费普遍偏高。以北京为例，朝阳区和海淀区发展改革委员会公布的数据显示，私立幼儿园的收费一个月基本在2000元以上，一些"国际班""蒙氏班"一个孩子甚至一个月就要花掉两万块钱。③

---

① 北京"入园难"学位缺口约17万个.财新网.http://china.caixin.com/2018-06-01/101261179.html
② 山东:3年后幼儿园缺口约170万放大招解入园难.齐鲁网.http://news.iqilu.com/shandong/yaowen/2018/0523/3925897.shtml
③ 数据看北京幼儿园入学状况：公立园少私立园贵 各区差距显著.腾讯网.https://edu.qq.com/a/20180904/081643.htm

11 月 15 日，国务院发布《中共中央国务院关于学前教育深化改革规范发展的若干意见》，再次确定了实现普及普惠的"双普"目标和办园结构目标：2020 年普惠性幼儿园覆盖率达到 80%；2020 年全国学前三年毛入园率达到 85%。这也被视为回应随着全面二孩时代来临，增加学前教育资源供给呼声日益高涨的重要举措。"影响深远、意义重大"的《意见》一经颁布，引发舆论高度关注。不少媒体在报道时加上"重磅！"这一前缀。《人民日报》称，这是新中国成立以来以中共中央、国务院名义出台的第一个面向学前教育的重要文件，具有重要里程碑意义，充分体现了以习近平同志为核心的党中央对学前教育的高度重视，对广大学龄前儿童的亲切关怀。①

对于备受关注的民办幼儿园，《意见》做出制度性规定，民办园一律不准单独或作为一部分资产打包上市。上市公司不得通过股票市场融资投资盈利性幼儿园，不得通过发行股份或支付现金等方式购买盈利性幼儿园资产。这引发了一场民办幼儿园行业的地震，《今夜，幼教行业无人入眠》等文章在网络传播，幼教行业领军者红黄蓝在《意见》发布的当日市值蒸发 2.5 亿美元。②

对于这一禁令的颁布，舆论普遍表示欢迎，认为可以有效遏制民办幼儿园过度逐利行为，但也有"挤出民办，公立没跟上，学位更紧张"的担忧。公办教育追求的是公平，民办教育则更加多样化、更加灵活。如何理顺公办民办的关系，共同提供适合不同阶层的教育选择，最大程度地保障教育资源分配合理化、确保教育公平，考验着政策制定者的智

---

① 办好新时代学前教育，实现幼有所育美好期盼.人民网.http://paper.people.com.cn/rmrb/html/2018-11/30/nw.D110000renmrb_20181130_1-11.htm
② 幼教行业领军者红黄蓝市值在《意见》发布的当日蒸发十多亿元.中证网.http://www.cs.com.cn/ssgs/gsxw/201811/t20181116_5893448.html

慧。

对于能够顺利入园的孩子，家长的牵挂也并未停止。2018 年 12 月 28 日，北京红黄蓝幼儿园事件一审宣判。这起在 2017 年引发全民关注的案件也让舆论再次聚焦幼儿园安全问题。

2018 年，幼儿园发生多起安全事件，其中多起涉嫌虐待儿童，如 6 月，四川成都武侯区辛迪家幼儿园教师疑似训诫幼童，随后用双手将其"提"起后摔至地上，致其后脑勺着地，涉事教师已被警方依法刑事拘留；① 7 月，陕西西安市咸宁路田家湾村金苗幼儿园大班配班老师和生活老师用回形针等物品扎多名幼童，原因是孩子不听话或午休时不睡觉，目前涉事教师已被警方带走。② 11 月，山西太原市双星幼儿园发生老师误开紫外线灯照射，致使 30 余名幼儿皮肤出现损伤红肿蜕皮情况，视力出现普遍下降。③

事故令广大网民心痛和愤怒。"底线不容击穿"，对于层出不穷的幼儿园安全事件，东方网等呼吁"最严监管"。④澎湃新闻称，对虐童的惩戒，应该得到更严格的执行，幼儿教师的准入制度，必须经得起检验。⑤

---

① 幼师摔打男童致其后脑着地，园方：开除.澎湃新闻网.https://www.thepaper.cn/newsDetail_forward_2227866
② 西安金苗幼儿园老师用铁丝扎孩子—老师被刑拘.华商网.http://news.hsw.cn/system/2018/0704/1002604.shtml
③ 太原一幼儿园老师误开紫外线灯 30 余幼儿眼睛被灼伤.中国新闻网.http://www.chinanews.com/sh/2018/12-04/8692608.shtml
④ 幼儿园安全事件频发呼唤"最严监管".东方网.http://pinglun.eastday.com/p/20180926/u1ai11849697.html
⑤ 年终盘点 | 2018 年与我们的孩子有关的八大事件.澎湃新闻网.https://m.thepaper.cn/rss_newsDetail_2791893?from=sohu

第二节　义务教育：减负担增焦虑

3月《教育部，请不要给我的孩子减负》①一文火遍朋友圈。文章批评道，近年来我国教育减负出现一些负面后果：中国奥赛队丧失了优势，家长陷入教育竞赛导致负担猛增，年轻父母疲于奔命和孩子出现分化。该文发表适逢"两会"，更是将"减负"讨论推向纸面。

该文也引发了网民的共鸣。减负所倡导的"素质教育""快乐教育"弱化了学校作用，不少网民吐槽"减负"是公立学校转嫁教育责任，增加家庭时间精力经济负担。家庭作业变"家长作业"，家长孩子苦不堪言。一网友在朋友圈发布央求"未来亲家"辅导女儿作业的调侃，引起不少家长的共鸣。

对于那些没有精力、金钱弥补孩子减负空余时间的人来说，"优质教育资源以后会变成中高层人群才有的特殊商品，甚至是奢侈品，加剧社会阶层固化，寒门更难出贵子。"不少网民言辞激烈，"农村家庭，没那么多钱也没那么多精力送孩子去校外机构，差距越来越大，社会分层越来越严重。"微信公众号界面文化《是素质教育的良方，还是对底层的又一剥夺？》②等报道广为传播。

减负另一被广泛诟病的影响是对教学质量的影响，是"老师更不好好教学，更依懒辅导了"，随之而来的是遍地开花的课外培训机构。中国教育学会发布的《中国辅导教育行业及辅导机构教师现状调查报告》显示，2016年我国参加中小学课外辅导学生超过1.37亿人次，辅导机

---

① 教育部，请不要给我的孩子减负.新浪网.https://cj.sina.com.cn/articles/view/2949462582/afcd3a36001005tft

② 减负之争：是素质教育的良方，还是对底层的又一次剥夺？微信公众号"界面文化".https://mp.weixin.qq.com/s/_4TBc3csZLeZDTVrmUB3WQ

构教师规模 700 万至 850 万人。①

2018 年末，一篇 10 万以上阅读量的文章：《疯狂的黄庄：超前教育"十字路口"》②在朋友圈疯传。文章称，每到周末，北京海淀剧院门口的知春路总会堵车。海淀黄庄作为"学霸中心"，方圆几公里之内，汇聚了人大附、北大附、清华附、八一学校、101 中学、中关村一二三小等各路名校，以及数不清的校外培训机构。在黄庄，没有不上课外班的孩子，很难找到一个不焦虑的妈妈。有些孩子在初一甚至六年级就已经学完高中数学课程，剩下的时间就要准备参加数学竞赛。

课外培训机构加重学生负担不仅引发舆论高度关注，也引起政府部门高度重视。2 月，教育部出台《关于切实减轻中小学生课外负担开展课外培训机构专项整治活动的通知》，8 月 22 日，国务院办公厅发布《关于规范校外培训机构发展的意见》，进一步强化校外辅导专项整治工作。连续出台的政策旨在消除课外培训机构乱象，让教育回归到课堂，让学生回归到校园，为教育健康发展保驾护航。值得注意的是，相关行动并未撼动补习产业强大的根基，超纲课程并未消失。《多地无视"最严减负通知"校外补课班依旧火热》《"超纲""拔高"改头换面，"假关门"躲避打击——严令之下校外培训机构新动向调查》等文章频繁见诸网络。新华网记者在南京、武汉、成都等地调查发现，严令整治之下，校外培训机构不仅依然火热，还出现了一些新动向："超纲""拔高"改换名目避开敏感词、防暗访"假关门"应对检查、大量"无证无照"的培

---

① 中小学课外辅导全年吸金 8000 亿，"真教师"占比不到两成.澎湃新闻网.https://www.thepaper.cn/newsDetail_forward_1588421

② 疯狂的黄庄：超前教育"十字路口".虎嗅网.https://www.huxiu.com/article/272293.html

训机构改头换面隐匿存在。①

素质教育概念的提出至今已 20 年，"减负"被视为落实素质教育的重要抓手。但在人才向上流通的道路没有得到根本拓宽的前提下，应试教育仍是作为选拔人才的主要指挥棒，减负很难落到实处。"小学可以减负，初中可以减负，高中可以减负，人生能减负吗？"所以，谁也不敢懈怠。

新浪教育 11 月发布的《中国家长教育焦虑指数调查报告》显示，2018 年中国家长教育焦虑指数为 67 点，整体处于比较焦虑状态。②面对社会竞争激烈、教育资源分配不均衡的客观现实，"不能输在起跑线上"共同加剧了 80 后父母们对下一代教育的焦虑感。"唯有教育相对公平，谁不焦虑？""总有人要赢，为什么赢的人不是我？"

作为国家政策支持的"减负"行动，不可能毕其功于一役，在实施过程中如何稳妥推进，需要长久不懈的努力。正如南京师范大学副教授殷飞所言，要纾解家长的焦虑，不能仅靠家长保持理性，要推进优质教育资源的均衡，丰富优质教育资源的供给，从根本上打破不健康的教育生态。③

第三节　高考改革：保稳定保公平

2018 年高等教育领域可谓热点不断。"答题卡调包风波"、多家高校自主招生论文造假、多地暂缓高考、高校考研自主命题问题频出等多起

① 严令之下校外培训机构依然火热.中青在线.http://zqb.cyol.com/html/2018-07/13/nw.D110000zgqnb_20180713_4-01.htm
② 首份家长教育焦虑调查报告发布综合焦虑指数达 67 点.光明网.http://tech.gmw.cn/2018-09/17/content_31214300.htm
③ 两个硕士竟教不了一个小学生——谁在靠你的教育焦虑"吃饭".新华网.http://www.xinhuanet.com/politics/2017-09/12/c_1121647824.htm

事件持续引爆舆情。

2018年7月22日，河南高考考生家长在微博平台发表博文，"平时600+，估分627，高考335，高考分数被换谁之过"。文章称，孩子高考分数与以往成绩、高考后估分严重不符，怀疑答题卡被人调了包，并向纪检监察部门实名举报。文章起初并未引起较大关注，有网友质疑，"如果有这么大能耐，还用调换答题卡？直接改分数多好。"但在经过自媒体报道后舆情逐渐发酵。8月5日，微信公众号"波动财经"发布题为《四家长质疑考生答题卡调包，纪委介入检察官实名举报》的文章，阅读量很快突破10万，点赞量突破5万，迅速传遍朋友圈。

8月6日晚，河南省教育厅公开回应称，纪检监察部门正在依法依归进行调查。8月7日上午，河南省招办官网发布《致全省招生考试战线同志们的一封信》①称，经核实，答题卡确系考生本人所答，成绩准确无误，核实结果及时书面回复了考生及家长。舆情也在此时达到峰值。8月8日，随着信阳考生确认是自己的笔迹，没有调包，舆情逐渐平息。8月12日，纪检部门公布最终调查结果，不存在掉包试卷和答题卡现象。事情水落石出，这件关高考公平和政府公信力的事件，最终被证明是考生"自导自演"。

公平是高考的底线，而分数则是公平的集中体现。光明网评论称，事件已经超越了4名考生真实成绩的个体意义，已经触及到了高考核心价值、社会公平底线等深层次命题。即便此事确系乌龙一场，但依然值得用最大的力气去证明"掉包"没有发生。②

---

① 致全省招生考试战线同志们的一封信.河南招生考试信息网.http://www.heao.com.cn/main/html/pz/201808/content_17749.html
② 高考答题卡"掉包"疑云依然待解.光明网.http://guancha.gmw.cn/2018-08/08/content_30393151.htm

　　分数的确是最容易引人关注的话题。2018 年 11 月，浙江英语高考赋分事件引发轩然大波。11 月 24 日，浙江省高考英语科目成绩公布后，很多考生和家长反映，英语成绩出现倒挂的情况：英语作文扣了 30 分的最后总分居然有 130 分；平时不怎么爱学习的孩子，英语竟然超常发挥，从原先的模拟只有 100 多分的，最后居然考到了 120 多分。①

　　11 月 27 日，浙江省教育考试院在其官网正式发文，"对难度较大的第二部分（阅读理解）、第三部分（语言运用）部分的试题进行了难度系数的调整，实施加权赋分"。12 月 4 日，浙江省委召开常委会听取调查组汇报并专题研究。经调查，此次高考英语科目加权赋分是一起因决策严重错误造成的重大责任事故。省政府决定取消这次考试的加权赋分，恢复原始得分，并对相关责任人追责。

　　考试公信力的背后连着政府公信力。修改卷面成绩，触碰了高考"公平"的底线。《浙江日报》在题为《有错必纠，捍卫高考公正》的文章中称，"加权赋分显示了政府部门决策行为的轻率鲁莽"，所幸政府实事求是，有错必究。真诚的态度和严格的问责也获得了大众的理解。②《人民日报》称赞这次事件处理，"动作迅速，处理得当"。③《新京报》记者进行的回访显示，考生和家长普遍对于调查结果都比较满意。④

　　高考的每一次变动都牵动千万学子的心。8 月 23 日，北京市教委公布北京高考改革相关细则方案，2020 年起依据统一高考成绩和高中学业水平考试成绩，参考学生综合素质评价择优录取考生。消息一出，备受

---

① 浙江英语选考成绩怎么了？.搜狐网.http://www.sohu.com/a/279116817_100097743
② 浙江日报评论员：有错必纠，捍卫高考公正.浙江在线.http://www.xinhuanet.com/politics/2018-12/05/c_1123812065.htm
③ 取消英语加权赋分：做好改革的"答卷人" | 锐评.微信公众号"人民日报评论".https://mp.weixin.qq.com/s/NSQt9pMoDcFh9om9sF22GQ
④ 浙江宣布取消高考英语"加权赋分".新京报网.http://www.bjnews.com.cn/inside/2018/12/06/527961.html

舆论质疑，"60%靠成绩，40%靠拼爹"等声音频现网络。

多地高考改革过程中出现的问题，让其他省市保持相对谨慎的态度。

2018年，多地区推迟了原定的高考改革计划。9月11日，安徽省教育厅表示，经教育部同意，决定2018年暂不启动实施高考综合改革，安徽省2018年秋季入学高一新生仍按原办法教学。安徽省教育厅厅长李和平表示，"我们的改革始终有一个底线，就是安全，如果风险把握不准，宁可继续等待也不仓促上马。"按照新高考原本规划，安徽省将和其他18个省市成为新高考第三批试点，于2018年全面启动实施高考综合改革。但因阻力较大，只有江苏、河北、重庆、辽宁、福建、湖南、湖北以及广东8个省市按原计划启动了新高考改革。①

在破除唯分数论的道路上，高考一直在谨慎改革，但不唯分数，看综合素质的自主招生也引发不少民众对公平的担忧。

2018年8月，微信公众号"知识分子"曝光清华大学附属中学朝阳学校、天津耀华中学、重庆市巴蜀中学、长沙市长郡中学等九省市高中名校学生，参加自主招生所发论文均存在"直接抄袭""多文拼凑""与高校学者共同署名"等造假行为。②舆论直指现有高校自主招生已偏离政策初衷，诱发不公平竞争。

2018年末，高校研究生自主命题问题频出。多所学校被爆料出现错发试卷、疑似泄题等问题，③又推动了一波舆论小高潮。12月23日，先

---

① 2018年10大省份推迟新高考改革，高中生该何去何从？. 搜狐网.https://www.sohu.com/a/258046113_583574

② 九省市高中名校学生论文涉嫌造假，或涉自主招生黑幕.财新网.http://opinion.caixin.com/2018-08-16/101315557.html

③ 今年研究生考试4所高校确认出"事故"；高校自主命题待规范.澎湃新闻网.https://www.thepaper.cn/newsDetail_forward_2772842

后有网民爆料，山东师范大学研究生考试出现失误，在一门自命题科目考试时，学校未发试卷而是直接发放答案；青岛理工大学也在自命题考研科目《城乡规划理论综合》中出现了试题错装的重大失误；成都电子科技大学自命题科目《固体物理》试卷出错，本该考的《固体物理》卷子印的却是电路分析的题；西南大学自然地理考研疑似泄题；山西师范大学研究生考试中，中国史卷子和 2017 年雷同。

虽然相关部门给以了及时回应，但引发了网民对于研究生考试工作程序、工作态度的质疑。健全监督审查机制，提高自主命题质量也被舆论广泛呼吁。

改革是教育发展的主旋律，考试制度概莫能外。《中国教育报》统计显示，40 年来，我国以高考为核心的考试招生制度与改革开放同向同行，历经大大小小的改革有 30 余次。①公平和科学一直是两难问题。纵观历次改革，每一步都如履薄冰。改革不可一蹴而就，需要智慧和勇气。

第四节　乡村教育：补短板促公平

2018 年新年伊始，一张男孩站在教室中头发眉毛结出"冰花"的照片走红。该男孩名叫王福满，8 岁，是云南鲁甸县新街镇转山包小学学生，家距离学校 4.5 公里。当天是期末考试第一天，他在零下九度的气温中，走了一个多小时到学校，脸蛋冻得通红，头发眉毛沾满"冰花"。"冰花男孩"冒风雪上学戳中网友泪点，一时间，网络遍布对"冰花男孩"的同情、对乡村教育资源贫乏现实的心酸。社会各界纷纷捐钱捐

---

① 书写高考改革的时代篇章.中国教育新闻网.http://paper.jyb.cn/zgjyb/html/2018-11/28/content_509637.htm?div=1

物，"愿天下孩子头上不再有'冰花'"。

2018 年临近年末，一篇《这块屏幕可能改变命运》①爆红。文章描述了中国贫困地区 248 所高中，通过课堂直播的形式共享成都七中的优质教育资源，清晰地呈现了城乡学校之间不忍直视的教育差距，以及在参与直播之后发生的种种改变甚至奇迹。项目实施 16 年来，7.2 万名学生借此完成高中学业，其中 88 人考上了清华北大，很多人因此改变了命运。这篇文章阅读量达到惊人的千万级，一度引发网上关于"屏幕"能否改变命运的热烈讨论。

网易 CEO 丁磊激动地在朋友圈表示"这个事情太棒了！""200 所学校太少，应该有 2000 所，20000 所，网易决定拿出 1 亿，来支持更多的学校落地这个模式"。②21 世纪教育研究院副院长熊丙奇等学者则持相对谨慎态度，"一块屏幕改变命运？不能夸大在线教育的公平促进作用。"比起互联网技术，贫困地区的师资队伍、教育内容、生源质量才是更值得乡村教育思考的问题。③

"冰花男孩"走红和《这块屏幕可能改变命运》刷屏的背后，是农村教育与城市教育的巨大鸿沟。21 世纪教育研究院主编的《教育蓝皮书：中国教育发展报告（2018）》显示，高中阶段，相较于中心城区学校，农村生源为主的镇及农村初中毕业生升入重点高中的比例低了近20 个百分点；从高职高专到普通本科、"211""985"高校，来自乡镇及以下地区的学生比例越来越小，来自地级市及以上地区学生却呈相反趋

---

① 这块屏幕可能改变命运. 微信公众号"冰点周刊". https://mp.weixin.qq.com/s/l4f4r2d7bw06mqBstJL-mA

② 丁磊：网易决定拿出 1 亿推动教育. 36 氪网. https://www.36kr.com/newsflashes/149152

③ 一块屏幕改变命运？不能夸大在线教育的公平促进作用. 财新网. http://opinion.caixin.com/2018-12-14/101359059.html

势。①近年来,《寒门再难出贵子》《知识真的能改变命运吗？》等一系列文章的走红,也反映出舆论对城乡教育差距的不满和对教育改变命运的失望。

改变农村教育迫在眉睫。一项调查显示,初中生均年度财政拨款例,农村学校只有795元,边缘城区更只有600元,而中心城区则1317元。②加大投入力度作为缩小城乡教育鸿沟重要的抓手。2017年,国家财政性教育经费投入3.42万亿元,其中53%用于义务教育。中央财政教育转移支付由2016年的2817亿元增加到2018年的3067亿元,80%用于中西部农村和贫困地区,四分之一左右用于集中连片特困地区、民族地区。2018至2020年期间,中央财政还将新增资金70亿元,重点支持"三区三州"教育脱贫攻坚。③

技术方面,教育部于2018年4月正式印发并启动实施了《教育信息化2.0行动计划》。目前全国各地积极发展"互联网＋教育"。如宁夏自2018年起在基础教育领域开展汇聚2000件学前教育经典游戏范例、1万件精品微课、300万件同步教学资源、5门示范课。④江西宁都县是首批"互联网＋教育"精准扶贫试点地区,全县所有乡镇小学都参与美丽乡村网络公益课程,每周近6000名学生从中受益。⑤湖北提出,到

① 教育蓝皮书:城乡教育差距大,中小学生自杀现象不容忽视.腾讯网.https://new.qq.com/omn/20180426/20180426A1ZNMW.html

② 《教育蓝皮书:中国教育发展报告（2018）》,21世纪教育研究院主编,社会科学文献出版社出版

③ 国务院关于推动城乡义务教育一体化发展 提高农村义务教育水平工作情况的报告——2018年8月28日在第十三届全国人民代表大会常务委员会第五次会议上.中华人民共和国教育部官方网站.http://www.moe.gov.cn/jyb_xwfb/moe_176/201808/t20180828_346404.html

④ 宁夏将在2022年建成"互联网＋教育"示范区.银川新闻网.http://www.ycen.com.cn/2016news/toutiao/201811/t20181123_756482.html

⑤ 互联网＋教育扶贫全国96%中小学校实现网络接入.央视网.http://news.cctv.com/2018/11/22/ARTI7Hz3DmPdqU63SHEZj4k8181122.shtml

2018年，全省3973个农村教学点实现与省级网络平台互联互通。① 企业方面，除了网易CEO丁磊明确表示支持，此前专业教育科技平台沪江也发起"互联网+教育"公益项目"互+计划"，影响范围覆盖全国31个省5000余所学校，15万名教师、逾百万学生从中受益。②

农村教育会怎么走，城乡教育均衡如何实现？这块短板的补齐并没有一条坦途可以走。北京师范大学教育学部教授郑新蓉坦言，"教育是与其他各种所谓经济发展的要素叠加起来的，并非只关注教育，合力尚有待形成。"③

百年大计，教育为本。作为新时代人民群众"美好生活需要"的重要构成，教育在国计民生中的优先性和重要性进一步凸显。教育从来不是简单的教育行业的问题，它叠加着经济发展、社会治理、民众情绪。长久以来，各种声音汇聚碰撞，教育舆情持续走热。也正因为如此，教育承担的使命和任务更为重要。须系统梳理各方意见，广泛凝聚社会共识，逐步推进改革。唯有如此，才能满足为人民群众对美好生活的向往。

---

① 网络时代优质教育人人共享. 人民网. http://paper.people.com.cn/rmrbhwb/html/2018-01/17/content_1830829.htm
② 网易教育金翼奖：2018年度公益机构沪江"互+计划". 网易. http://edu.163.com/18/1211/18/E2OVNNV5002998RO.html
③ 消失的学校：供需错位的困境难除，乡村教育未来怎么办？. 财经网. http://yuan-chuang.caijing.com.cn/2018/0817/4502540.shtml

第九章
住房：一切躁动归于平稳

2018 年，"坚决遏制房价上涨，加快建立促进房地产市场平稳健康发展长效机制"成为房地产市场主基调。多地密集出台调控政策，楼市经历了史上最严调控。总体来看，2018 年，中国楼市总体上逐步回归理性，热点城市房价过快上涨势头得到遏制。房地产相关话题在全年保持较高舆论热度。"人才大战"推动二线城市楼市升温、"房闹"维权事件增多、房租飞涨成民众新痛、长租公寓快速扩张、部分地区调控政策松动等现象屡次掀起舆情高潮。

第一节　楼市交易：从抢房到维权

2018 年上半年，"摇号买房"和"抢人大战"引爆部分城市楼市销售。而到了下半年，房地产市场调控加码，市场交易量价齐跌，特别是一线城市几乎处于横盘状态。全年楼市交易可谓经历了冰火两重天。

上半年，南京、上海、长沙、成都、武汉、西安、杭州、深圳等多个城市发布了摇号购房政策，随之而来的则是茶水费、高额验资、假摇号等现象。

4 月底，深圳蛇口新盘山语海取得预售许可证后，被曝出"80 万喝茶费"的消息。① 为此，开发商特意紧急声明否认出现任何"内部折扣"等行为。

为了摇号再现排队长龙。成都"青秀未遮山"官方微信号披露，该楼盘通过复审的购房人数为 61856 户，成为自 2017 年 11 月成都实行购房摇号以来参与人数最多的楼盘。摇号现场设置 3 道关口，每一个关口排队时间都是 1 个半小时以上，排队的队伍绵延几公里。②

不排队走内部关系的也不少。4 月，上海翠湖天地开盘，摇号名单里 55.6% 是公司而不是个人。③5 月，西安融创天朗南长安街壹号项目的106 套房源被 35 名公职人员打招呼内定。④

想摇号需先交高额的验资费。在杭州，一般购房验资冻结的资金额度在 50 到 200 万元之间。仅 5 月 24 日一天，工行杭州延中支行就增加存款 3.35 亿元。⑤5 月 26 日，深圳海上世界双玺花园公布销售方案：想要摇号，需先交 500 万诚意金。⑥5 月 28 日，南京河西海玥名都等 4 家楼盘领到 775 套新房销售许可证，29 日上午 9 点开始进行验资登记。南京各大银行都出现很多手持数百万、甚至数千万资金来存款，以加大摇

① 政策漏洞难补：摇号城市都需要一场"新房改"？. 36 氪网. https://36kr.com/p/5137556.html

② 成都一楼盘 61856 人摇号买千余套房 参与人数创纪录. 腾讯网. https://new.qq.com/cmsn/20180531/20180531015541.html

③ 上海翠湖天地摇号公司客户比例过半. 21 财经网. m.21jingji.com/article/20180411/ herald/5252805947ffb25eb913e024f29a98ec.html

④ 摇号购房乱象：西安 8 人官职摇没了 深圳却这样钻空子. 新浪网. http://gd.sina.com.cn/news/b/2018-06-04/detail-ihcmurvh2270071.shtml

⑤ 和杭州楼市相比，富士康打新弱爆了！排队排到晕倒，最高冻资 1700 万！摇到即赚到……. 微信公众号"券商中国". https://mp.weixin.qq.com/s/rzQ7QGzLFjgP-dOHldP4VfQ

⑥ 500 万诚意金，选房只有 2 分钟！深圳首个摇号买房项目来了. 每经网. http://www.nbd.com.cn/articles/2018-05-27/1220912.html

号中签概率的买房人。①

行政管控下部分楼盘房价失真，催生了 2018 年楼市的热词——"楼市打新"。例如，杭州华夏四季楼盘均价 2.6 万一平方米，而周边二手房大约为 3.5 万一平方米，②用购房者的话说，"摇到的几率不大，但是摇到就赚 100 万，就相当于中彩票了。"

表 9-1：部分摇号城市一二手房价对比 数据来源：中国房价行情网

	二手房价	新房价格	差价
杭州	31203	25771	5432
成都	16683	11467	5216
南京	28921	24203	4718
武汉	18956	15933	3023
西安	13360	12105	1255
长沙	11186	9963	1223

上半年"炒房"则因多个二线城市引进人才而起。2018 年，南京、郑州、武汉、西安等地相继推出人才引进和安居政策，多以降低落户门槛、提供住房补贴和优惠的公积金政策吸引人才扎根。

南京新政规定：大学生凭借本科毕业证就能直接落户买房。郑州新政规定：本科学历，没有社保也可在郑州买首套房，而且部分人才还有补贴可以拿。西安新政规定：45 岁以下本科毕业凭毕业证落户后即可享受相应住房政策。

有网民制作并发布"低门槛抢人—户籍人口增加并买房—房价微涨—政府限价—新房和二手房价格倒挂—炒房团进入—房价大涨预期增强—无房可售—加剧上涨预期—更多人买房—房价暴涨"的流程图，引发热传。

① 河西 4 楼盘新领 796 套房源销许.《扬子晚报》电子报. http://epaper.yzwb.net/html_t/2018-05/29/content_474464.htm?div=-1
② 杭州楼市"抢钱"持续：摇到赚 100 万萧山项目中签率仅 2%. 华夏时报网. http://www.chinatimes.net.cn/article/77777.html

舆论质疑"抢人大战"异化为"炒房路径"。《新京报》《半月谈》等媒体认为,"定向解除限购"背后,是多个二线楼市以争夺人才为名,"曲线"为楼市松绑,变相调低了购房门槛。

2018年7月,中央政治局会议召开,对房地产调控政策定调为"坚决遏制房价上涨"。房地产市场调控加码,一些不规范的行为被遏制,楼市迅速降温,房地产行情急转直下,整体市场相对低迷。中国社科院财经战略研究院住房大数据项目组、住房大数据联合实验室多位专家学者发布的《中国房地产大数据报告(2018)》显示,142个样本城市房价由6月的平均环比上涨1.62%变为10月份的环比下跌0.296%;房价环比上涨的城市也由6月的119个变为10月的58个。国家统计局数据显示,销售面积从2018年1—7月的峰值4.2%的累积增速,下滑到1—11月的1.4%。

8月初,泡沫陆续开始被刺破。厦门"相比2017年3月高峰期,岛内房价普遍跌了1—1.5万/平米,岛外跌了6000—1万/平米左右""但凡不降到2016年10月份的价格,就别想成交"。[1]中原地产2018年三季度环北京房地产市场报告显示,燕郊住宅成交均价16592元/平方米,同比下降23.5%;香河住宅均价9389元/平方米,同比下降32.1%。[2]

9月份开始,为了抓紧回款,楼市久违的打折降价重现,开发商们"挥泪大甩卖",一些房企还通过售卖股权、出让项目,多渠道"补血"。例如,恒大自8月30日至10月8日,针对旗下280个城市646个楼盘推出了特惠活动,全国住宅楼盘8.9折、商铺6折起,首付款可分期,

---

[1] 厦门神话破灭:地价腰斩,地王挥泪甩卖! 房价下跌上万元! . 格隆汇网 . https://www.gelonghui.com/p/197504

[2] 环京楼市降虚火:北三县部分楼盘价格腰斩 业主讨说法 . 新浪网 . https://finance.sina.com.cn/roll/2018-11-23/doc-ihpevhck3177281.shtml

最低首付仅 5%。①

楼盘主动"打折""降价"，引发前期买房的业主集体维权，多地出现拉横幅维权甚至打砸售楼处现象。"退房潮"始于年中，并迅速成蔓延之势，在杭州、南京、广州、上海、北京、厦门等多个城市上演。最为典型的是，9 月厦门万科白鹭郡别墅推出的房源价格从此前 450 万至 500 万一套降至 278 万一套，引发老业主维权。10 月 3 日，上海的碧桂园浦东南郡，因为开盘两个月均价就从 3.5 万元降到 2.6 万元—2.8 万元，售楼处遭到业主围攻。10 月 4 日，江西上饶碧桂园信州府，1 万 / 平降至 7000 元 / 平，业主维权，聚众打砸售楼处。11 月，退房风波持续在北京、中山、济南等多地上演。

对于"房闹"，舆论普遍表示其对扰乱市场秩序的担忧。中原地产首席分析师张大伟称，"近些年频现的房价波动成为'房闹'滋生的土壤。政府调控部门不能简单的为了维稳，给开发商施压让其让利给'房闹'，因为它会带来一个恶性的示范效果。"②特别是在万科白鹭郡别墅事件中，网络盛传万科给予了前期购房者差价补偿，引发了舆论对于"涨了赚升值，跌了赚赔偿"，助长地产投机之风的不满。严格规范开发商销售行为、加快建立多主体供给、多渠道保障、租购并举的住房制度成为舆论的呼声。

---

① 楼市"金九"落空 四季度大概率降温 . 经济参考网 . http://dz.jjckb.cn/www/pages/webpage2009/html/2018-09/25/content_47109.htm
② 房闹逢降价就维权现象是否合理？开发商不应息事宁人 . 央广网 . http://china.cnr.cn/yaowen/20181011/t20181011_524381748.shtml

第二节　住房租赁：从疯涨到爆雷

　　发展住房租赁市场成为我国住房制度改革的核心内容，也被视为落实"房住不炒"重要的长效机制。①2017年8月，住建部确定北京、上海、广州等13个城市开展利用集体建设用地建设租赁住房试点。2018年4月，证监会、住建部发布《关于推进住房租赁资产证券化相关工作的通知》，助推住房租赁资产证券化。

　　然而在政策待检验成效时，多个城市租金开始飞涨。中国房价行情网数据显示，7月，北京、上海、深圳等11个城市房租平均涨幅达到了22.12%。②国家统计局数据显示，9月我国租赁房房租环比上涨0.3个百分点，这也意味着，我国租赁房房租价格已经连续上涨7个月。③房租涨了，大学生租房更难了。麦可思研究院发布的《2018年中国大学生就业报告（就业蓝皮书）》显示，2017届大学毕业生的月收入4317元。④国内最大的O2O招聘平台香草招聘发布《2018年高校应届生就业报告》显示，2018年专科起薪2900元、本科起薪4500元、硕士研究生起薪6100元、博士研究生起薪8000元。⑤而北京平均房租已经接近5000元，

①中央首提"长期租赁"租赁市场成住房制度改革核心内容.新华网.http://www.xin-huanet.com//finance/2017-12/21/c_129771740.htm
　　发展住房租赁市场必须落实"房住不炒"的定位.中证网.http://www.cs.com.cn/sylm/zjyl_1/201808/t20180827_5863872.html
②11城住房租赁市场报告：重点城市7月租金整体涨幅超20%.《21世纪经济报道》电子报.http://epaper.21jingji.com/html/2018-08/22/content_92332.htm
③国家统计局：租房价格已连涨7个月！.奥一网.http://epaper.oeeee.com/epaper/A/html/2018-10/17/content_53599.htm
④2018年就业蓝皮书发布 大学毕业生平均起薪4317元.鲸媒体网.http://www.jing-meiti.com/archives/28350
⑤2018高校应届生就业报告：起薪约涨5% 本科4500元.澎湃新闻网.https://www.thepaper.cn/newsDetail_forward_2239025

即使合租，热门地段的单间价格也高达两三千元甚至更多，①"租不起"成为压倒年轻人的"又一稻草"，《高房价之后是高房租，年轻人再次被打垮》等文章在网络热传。

8月，不断有媒体曝出北京各地长租公寓哄抬租金、抢占囤积房源。以水木论坛用户"xianpian"发帖最为典型，这篇标题为《资本盯上租房，要吸干年轻人的血吧》②的帖子称，自如和蛋壳两家房产中介，为了争抢自己天通苑的房源，竟将租金从7500元抬升到了10800元，暴涨44%。蛋壳中介甚至表示：不管自如出多少，他们都要多加300元。

8月19日，北京房地产中介行业协会组织十家租赁服务企业宣布在两个月内投放12万套（间）不涨租金房源。房租暴涨暂时告一段落。但11月初，即中介协会两个月不涨租金承诺期之后，北京再次出现租金大幅上涨现象。12月初，自如"按时"取消"不涨租"及续约涨幅不超过5%限制，调整为续约价格最高涨幅为10%。海淀区大河庄苑小区租户林晓所租住房屋到期时，租金将由原来的5700元每月调整至7000元每月，涨幅高达22.8%。③

对于"按下葫芦起了瓢"的高房租，舆论普遍持担忧态度。"租住并行，不是让租金跟着房价涨！""失控的高房租，比高房价更可怕。""说好的租购并举让大家都能住的起房子呢？结果现在连租都租不起了！"悲观、失望情绪在网络蔓延。

供给端方面，政府在不断加大住房租赁政策扶持力度，2017年开始，

---

①一线城市房租上涨 北京房租整体涨幅同比超10%.央广网.http://finance.cnr.cn/txcj/20180812/t20180812_524329545.shtml

②资本盯上租房，要吸干年轻人的血吧.https://www.newsmth.net/nForum/#!article/HouseRent/516486

③不涨价承诺到期我爱我家相寓租金猛提.《北京商报》电子报.http://epaper.bjbusiness.com.cn/site1/bjsb/html/2018-11/01/content_412419.htm?

万科、碧桂园、龙湖、旭辉等众多知名房企纷纷试水抢滩并瓜分长租公寓市场。2018年4月,《关于推进住房租赁资产证券化相关工作的通知》发布,为长租公寓融资市场注入强心剂。但过犹不及,曾被视为租房市场新生力量的"长租公寓"各类问题集中在2018年爆发。

2018年8月,《为什么中介哄抢租赁房源,因为贩毒都没它来钱》的文章广为传播。①作者"紫竹张先生"认为,以自如、蛋壳为首的长租公寓通过推行租房贷,以租客的信用向银行套取一年以上的租金,除了支付房东约定的租金外(月付或者季付),还能留存大部分从金融机构贷款的资金,这些资金可以被长租公寓继续使用签订更多的房源,"空手套白狼""来钱速度比贩毒还快。"

东方财富网等媒体认为,长租企业借助"租金贷"创造的庞大资金池规避了监管,未来可能引爆系统性风险。我爱我家前副总裁胡景晖就曾公开表示,长租公寓运营商以高出市场价20%—40%的价格争抢房源的行为严重违背市场规律,"长租公寓爆仓,一定比P2P爆雷更厉害。"②一旦长租公寓资金链断裂,出现爆仓,房东"租了房子收不到款",租客"没了住所还要还款"。

事实证明,以上分析并非危言耸听。租金倒挂、房屋空置和资金期限错配、挪用等违规操作在2018年引发了长租公寓企业持续爆雷。

8月20日,长租公寓公司鼎家宣告破产。10月,雷军旗下顺为资本投资、排名行业前七的长租公寓寓见突然爆仓。③同月,长沙地区最

① 为什么中介哄抢租赁房源?因为贩毒都没它来钱快.新浪网.http://finance.sina.com.cn/chanjing/cyxw/2018-08-23/doc-ihhzsnec3885016.shtml
② 胡景晖重申:长租公寓爆仓比P2P爆雷更危险.华尔街见闻网.https://wallstreetcn.com/articles/3390343
③ 雷军系投资的长租公寓爆雷:90%租户负债 百名员工欠薪.投资界网.https://m.pedaily.cn/news/436795

早的长租公寓品牌咖啡猫、北京昊园恒业中介机构旗下长租公寓等也传出资金链断裂消息。①综合财联社等媒体统计，GO窝公寓、Color公寓、好熙家公寓、好租好住、爱公寓、优租客、恺信亚洲、鼎家公寓、寓见公寓和咖啡猫公寓等10余家长租公寓机构先后爆仓。②

58安居客房产研究院监测显示，截至2018年3月，全国范围内长租公寓品牌达1200多家，房源规模逾200万间。③仲量联行《中国长租公寓市场白皮书》显示，截至2018年上半年，北京、上海、广州、深圳、杭州和成都六个城市总存量约为13.5万套。④长租公寓"爆仓"风险不容小觑，或对整个房屋租赁市场以及上下游各个环节造成较大打击。

第三节　房企生存：降温中"活下去"

2018年，房企的日子异常艰难。2018年9月底万科秋季例会上，一张会场"活下去"标语的图片在网络上迅速走红，也将房地产开发商这一年的艰难推到前台。万科"活下去"刷屏的背后，是比往年更加焦虑的开发商。

销售方面，一线城市成交量大幅萎缩，二线城市又迎来新一轮调控

① 北京昊园恒业旗下长租公寓被传资金链断裂.新浪网.https://finance.sina.cn/chan-jing/gsxw/2018-11-02/detail-ifxeuwwt0441779.d.html?oid=5_6ab&vt=4
② 短短一年半8家长租公寓爆仓 鼎家非首例.金融界网.http://finance.jrj.com.cn/2018/08/27185625006908.shtml 史上最大的长租公寓爆仓，长租公寓的洗牌才刚刚开始.知乎网.https://zhuanlan.zhihu.com/p/48577309
③ 长租房热度居高不退 有望撬动万亿级市场.中工网.http://nmg.workercn.cn/698/201807/04/180704072201700.shtml
④ 长租公寓未来四年将增长5.6倍，上海最多北京最贵.界面网.https://www.jiemian.com/article/2714083.html

风暴，三四线城市，棚改政策逐渐收紧。国家统计局数据显示，2018 年以来，累计销售面积增速很少超过 4%。前三季度国内商品房销售面积同比增长 2.9%，而 2017、2016 年的数据分别是 10.3%、27%，仅仅两年时间，商品房销售断崖式下跌。

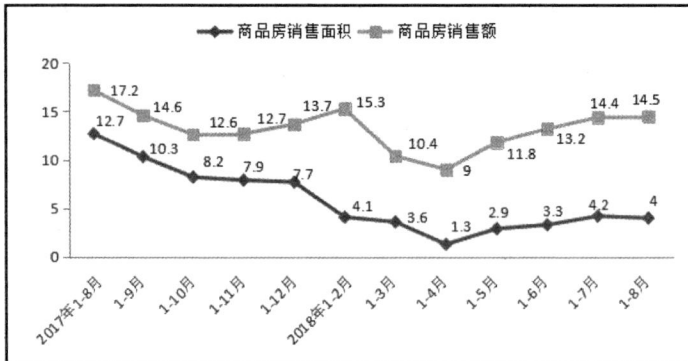

图 9-1：全国商品房销售情况 数据来源：国家统计局

融资和债务方面，在 2015-2016 年信贷宽松的融资环境里，房企迎来发债热潮。这部分规模巨大的债务将在 2018 年—2019 年集中到期。恒大研究院资料显示，从 2018 年下半年到 2021 年，房企集中兑付的有息债务规模分别为 2.9 万亿元、6.1 万亿元、5.9 万亿元和 3.4 万亿元，2022 年及以后共 0.9 万亿元。①

2018 年，央行、银监会等各部门发布了近 20 项调控政策，以收紧和规范房地产市场融资行为。房企常用的银行贷款、债券、股权质押等融资渠道都被严格限制。融资渠道收窄，成本大幅上升，海外债务规模扩大以及贸易战带来的人民币贬值预期，使得房企平均融资成本节节攀升。克尔瑞研究中心的数据显示，9 月房企平均融资成本升至 6.91%，

---

① 融资生死时速加剧房企两极分化. 中证网. http://www.cs.com.cn/ssgs/gsxw/201812/t20181214_5904444.html

达到 2017 年下半年以来的最高值。①中小房企普遍遭遇现金流断裂的险境，最为典型的是，2018 年 7 月份总资产 3000 多亿的产业运营商华夏幸福将 19.7%股权，以 138 亿折让给中国平安。②

拿地方面，持续严格调控影响房企预期、融资环境收紧企业回避风险，企业态度谨慎，土地投资热度下降。中国指数研究院发布的《中国房地产市场 2018 年总结暨 2019 年展望报告》显示，2018 年 1—11 月，20 家代表企业累计拿地 26072 万平方米，同比下降 23.5%;累计拿地金额 12012 亿元，同比下降 29.0%。

土地市场降温态势明显,这一年"地王"不见报端，取而代之的是"流拍"频现。中国指数研究院数据显示，2018 年 1—8 月，全国 300 城共推出各类用地 18468 宗，流拍 890 宗地块，占推出土地宗数的 4.8%，较 2017 年上升 1.2 个百分点。③国盛证券研报统计显示，截止到 9 月底，住宅用地流拍数量高达 951 宗，同比增长 37.6%。流拍土地面积合计 4189 万平方米，同比增长 111.4%，起始总额 2130 亿元，同比增长 487.7%。④中信建投研报统计，以土地宗数为口径，2018 年前 7 月流拍率约 6%，流拍率高于近轮周期中最低迷的 2014 年，尤其是一线城市，流拍率更是在二季度创下 17%的最高值。⑤

中国指数研究院数据显示，2018 年前三季度，全国 300 个城市各

---

① 9 月房企融资成本达 2017 年下半年以来峰值. 华尔街见闻网. https://wallstreetcn. com/articles/3419344
② 华夏幸福 19.7%股权折价转让背后：地产商资金链紧绷. 21 经济网. http://www. 21jingji.com/2018/7-12/yMMDEzODFfMTQzOTQyMQ.html
③ 房企资金链持续收紧 土地流拍数飙升至 890 宗. 雪球网. https://xueqiu. com/2247967694/114417630
④ 流拍频现，一文看懂各省市土地市场现状. 华尔街见闻网. https://wallstreetcn.com/ articles/3428937
⑤ 全国土地流拍"常态化"控房价倒逼土地定价机制调整. 和讯网. http://house.hexun. com/2018-08-12/193755632.html

类用地成交楼面均价 2220 元 / 平方米，同比下跌 8.2%，平均溢价率为 16.1%；其中住宅用地成交楼面均价 3881 元 / 平方米，同比下跌 6.5%，溢价率为 18.3%，较 2017 年同期下降 21.1 个百分点。热点城市不少地块以底价或逼近底价成交。8 月 10 日，太原市拿出热点区域的 8 幅黄金地块进行拍卖，总面积约 82.71 万平方米，起拍价合计 130.82 亿元。结果让人大跌眼镜，8 幅土地全部流拍。①不少以往的地王"邻居"并没有拍出地王价格，被业界认为是市场降温的重要信号。

第四节　调控政策：杂音难撼决心

2018 年成为历史上房地产调控政策最密集的年份。12 月 11 日，中国社科院发布的《中国住房发展报告（2018−2019）》显示，2018 年以来，房地产调控政策不断加码，全国房地产调控次数已经高达 405 次，比 2017 年同期上涨接近 80%。宏观环境变化增加悲观情绪并进一步传染给房地产市场。年末几个月收紧政策减少，部分地方取消放松限售，"为楼市松绑"的声音不断出现。

中原地产研究中心发布的统计数据显示，11 月 1 日—20 日，各地累计发布房地产相关政策仅 12 次，相比此前明显减少。②此外，10 月份开始，北京、南京等热点城市一度下调房贷利率，而连涨了 22 个月的全国首套房贷利率也在 11 月出现"刹车"迹象。③12 月 18 日晚间，

---

① "史诗级"土拍黄了！这个省会 8 块地想卖 130 亿，结果 1 分钱没收到. 每经网. http://www.nbd.com.cn/articles/2018-08-19/1246766.html

② 楼市降温苗头显现 11 月中国各地调控频次骤减. 证券时报网. http://kuaixun.stcn. com/2018/1120/14674448.shtml

③ 全国首套房贷利率连涨 22 个月后"刹车"武汉仍领跑. 中国新闻网. http://www. chinanews.com/cj/2018/12-13/8700310.shtml

山东省菏泽市住建局发文取消"所购买的新建商品住房和二手住房取得产权证书至少满 2 年后方可上市交易，非本地居民购房限制转让时间不少于 3 年"①的规定，被舆论称为"打响全国取消限售第一枪"。12 月 19 日，广州"商住房"政策调整，2017 年 3 月 30 日前(含当日)土地出让成交的房地产项目，其商服类物业不再限定销售对象。据媒体报道，消息发布后，"一晚上成交了 50 多套。"②同日，广东珠海市金湾区和斗门区的购房政策已出现调整，只需一年社保就可以购买一套商品住房。12 月 21 日晚间，杭州放宽买房社保限制。12 月 26 日晚间，衡阳市房地产业协会发文称，衡阳市发改委、住建局下发通知，将从 2019 年 1 月 1 日起暂停限价政策。

一时间，寄希望于调控放松的声音不绝于耳。中国房地产业协会副会长冯俊指出，"在这个关键期，出台政策措施如果细节不清、表述不严谨、解读不及时，就容易给市场释放错误信号，影响市场预期。"③例如，微信公众号"樱桃大房子"称，菏泽放松限售标志着调控政策已经见底，未来多个城市的很多微调宽松政策将密集出现。2019 年，全国三四线城市的房地产调控政策预计也将全面放开。④

"为楼市松绑"的呼声在此之前就已经在互联网盛传。一些自媒体甚至利用曲解政府文件的方式，给楼市造势。10 月中旬，部分房地产行业自媒体、地方自媒体集中炒作国务院清理限购政策，散布"10 月 15

① 菏建(2018)7 号 关于推进全市棚户区改造和促进房地产市场平稳健康发展的通知. 菏泽市住房和城乡建设局官方网站. http://www.hzszjj.gov.cn/tongzhigong-gao/2018-12-18/3589.html
② 广州放松楼市限购 售楼处: 一晚卖了 50 套 价格没涨. 新京报网. http://www.bjnews.com.cn/finance/2018/12/20/532279.html
③ 菏泽取消限售政策引舆论关注网民: 楼市调控需要宽松舆论环境. 新华网. http://www.xinhuanet.com/yuqing/2018-12/28/c_1210026341.htm
④ 衡阳发文取消限价，成全国首例，调控放松又下一城! . 腾讯网 .https://new.qq.com/omn/20181227/20181227A13I2M.html

日国务院通知放开全部限购"等传言。有财经媒体、地产行业人士发声指出,该消息实际为2018年5月的国务院文件,被人多次解读为限购取消,且涉嫌造谣传谣。无独有偶,10月底,中共中央政治局召开会议,分析研究当前经济形势,部署当前经济工作,通稿只字未提楼市,也被部分自媒体鼓吹为"放松调控的开始"。

事实上,中央抑制房价上涨的决心一直没有改变,"房住不炒"的方略也正在落实中。2018年3月,《政府工作报告》对于房价的表述是"遏制房价过快上涨";而在7月的政治局会议上则表述为"坚决遏制房价上涨";在经济形势由"稳中向好"变为"稳中有变"的情况下,如此严格的表态,中央对于"房住不炒"的决心可见一斑。10月29日,针对未来房价走势,新华社发表评论文章表示,"中央遏制房价上涨的决心不会发生改变,决不会允许调控前功尽弃。调控的决心不动摇。[①]"12月21日,中央经济工作会议再次提出,要构建房地产市场健康发展长效机制,坚持房子是用来住的、不是用来炒的定位。12月24日,住建部召开会议,提出将继续保持房地产调控政策的连续性和稳定性,2019年要以稳地价、稳房价、稳预期为目标,促进房地产市场平稳健康发展。舆论一致认为,监管层密集表态表明,中央放松调控的可能性并不大。

表9-2:十八大以来历次中央经济工作会议关于房地产调控的表述

时　　　　间	房地产调控表述
2012年12月12日—14日	继续坚持房地产调控政策不动摇。加快保障性住房建设和管理,加快棚户区改造。
2013年12月15日—16日	加大廉租住房、公共租赁租房等保障性住房建设和供给,做好棚户区改造。

[①] 中央遏制房价上涨的决心不会改变. 新华网. http://news.xinhuanet.com/mrdx/2018-10/30/c_137568390.htm

时　　　间	房地产调控表述
2014 年 12 月 9 日—11 日	未提及房地产
2015 年 12 月 9—11 日	化解房地产库存，发展住房租赁市场。取消过时的限制性措施
2016 年 12 月 14—16 日	坚持"房子是用来住的，不是用来炒的"的定位，加快研究建立基础性制度和长效机制，既抑制房地产泡沫，又防止大起大落。
2017 年 12 月 18 日—20 日	健康建议多主题供应、多渠道保障，足够并举的住房制度。完善促进房地产市场平稳健康发展的长效机制、保持房地产市场调控政策连续性和稳定性，分清中央和地方事权，实行差别化调控。
2018 年 12 月 19—21 日	构建房地产市场健康发展长效机制，坚持房子是用来住的、不是用来炒的定位，因城施策、分类指导，夯实城市政府主体责任，完善住房市场体系和住房保障体系。

　　分析认为，调控楼市很大程度上是调控预期，要破解"越调越涨"的心理定式，保持政策的稳定性和连续性尤为重要。2018 年以来的调控政策起到了一定的作用，但房地产调控是长久之功，要从整体机制、税收体制、政府调控政策等方面持续推进，如此方能平息躁动的楼市舆情，真正实现"房住不炒"。

网络篇

剧变与重建

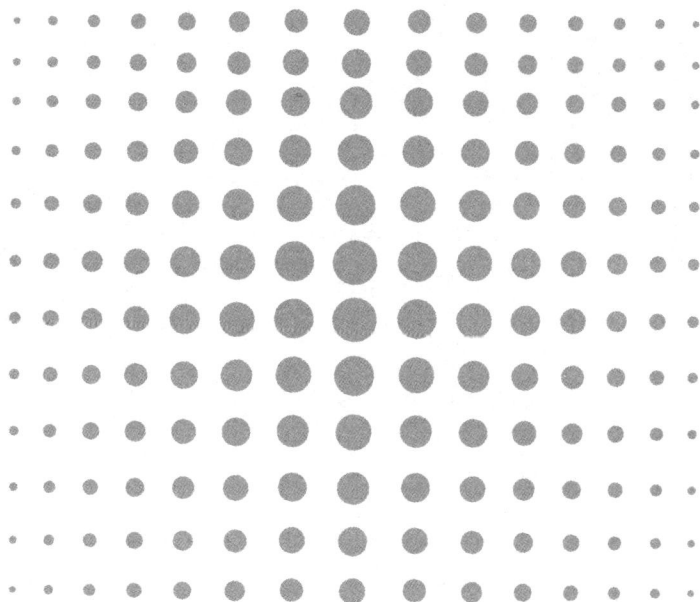

第十章
网络文化：百花齐放引燃网络

2018 年是互联网继续纵深发展的一年，网络基础设施不断优化、各类社交平台与渠道继续拓宽，为网民表达看法和交流思想提供了广阔的空间。2018 年，国内外网络热点屡见报端，热点事件频出。从丰富多彩的"花式点赞"到各种形式的"口诛笔伐"，网民都在以自己的方式参与网络生活，进一步丰富了网络文化的形式与内涵。纵观全年网络文化现象，网络爱国主义文化、网络热词文化等主流网络文化持续发展并"凝固"为一体，网络亚文化持续成长成熟并向主流文化靠拢，直播、短视频、电子竞技等青年潮流文化形式表现亮眼夺目。

第一节　网络爱国主义文化凝聚

2018 年，境内外辱华事件贯穿全年，激发中国网民爱国情怀。网民纷纷在网上对辱华行为进行反击与声讨，"国家利益高于一切"成为相关事件引发的舆论场中最响亮的声音，爱国主义成为 2018 年多元网络社会思潮中的绝对主流。

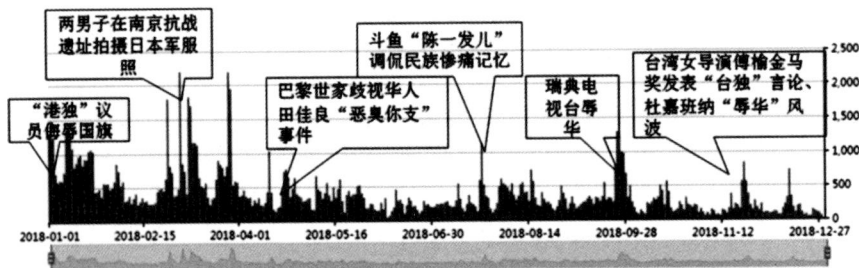

图 10-1：2018 年辱华事件舆情态势图

"精日分子"嚣张劣迹频现网络，引发全民愤慨

年初，有新浪微博用户发帖曝光两名男子在南京紫金山身穿日本军装的合影。消息发布仅几小时，网民参与讨论就突破 5 万次。网民"声讨"扑面而来，一致谴责"岂能拿民族伤痕开玩笑"，掀起反对"精日分子"的第一波小高峰。10 月 7 日，江苏连云港一群男子穿着日军制服在革命老区街头举着广告牌游街打广告。相关视频经媒体曝光后，即刻引发广泛关注。网民纷纷对此表示强烈谴责，称其拿国家的历史耻辱当噱头是"以耻为荣，道德沦丧"。除"精日"行径外，网上不时泛起的辱华言论也一次次挑动爱国网民的敏感神经。2018 年 4 月，厦门大学在读研究生田佳良以"洁洁良"的网名在新浪微博发表"恶臭你支"等错误言论，并与网民爆发骂战。"一石激起千层浪"，消息一经报道引发网民公愤，直呼其挑战爱国的基本底线。《人民日报》《紫光阁》等多家党媒央媒甚至点名批评当事人和学校，最终田佳良被开除党籍并被学校给予退学处理。9 月，湖南城市学院 2018 级准新生王栋多次在网上发表"爱国是不可能爱国的，老子这辈子都不会爱国""如果我不是精日，那我学日语干嘛"等辱国言论，引发众多网民谴责。10 月 11 日，南京大屠杀遇难同胞纪念馆官方微博发布讣告称，南京大屠杀幸存者沈淑静老人辞世。有网民在该讣告下留言公开叫嚣"南京大屠杀不存在"，旋即引起公愤。

瑞典电视台辱华事件，引发"帝吧"再次"出征"

9月21日，瑞典电视台（SVT）《瑞典新闻》栏目播出了一段时长1分33秒的辱华视频。视频打着给中国游客提示的旗号，以充满低级趣味的噱头、粗俗不堪的语言，赤裸裸地宣扬种族主义、排外主义；节目使用的中国地图缺少台湾省和西藏部分地区，严重侵犯了中国主权和领土完整。节目方还特意将该视频上传到优酷的"瑞典官方频道"上。随后，中国驻瑞典大使馆、中国外交部先后发声谴责，国内社交媒体上群情激愤。俄罗斯卫星网报道称，"节目播出后，在中国上下引发众怒。"曾发起多次"出征"（注：百度贴吧网民有组织地在被攻击对象的脸谱网等网页上集中留言表达观点的集体行为）的人气贴吧"李毅吧"（又称"帝吧"）再次集体"出征"，瞬间"横扫"瑞典外交部、SVT电视台和涉事主持人的社交账号，该主持人脸谱网被上万条留言占领。"帝吧出征"的消息迅速在境内传开。参考消息网称，"帝吧出征"用统一的格式、表情包、出征檄文，没有脏字和低端谩骂，有的只是措辞得当和据理力争，是一次为了国家尊严感的自我表达。

杜嘉班纳辱华风波引爆国内舆论

为给首场上海时装秀造势，意大利奢侈品牌杜嘉班纳（Dolce & Gabbana）发布了一部名为"起筷吃饭"的预告宣传片。片中旁白所用的"中式发音"、模特用奇怪的姿势使用筷子吃披萨饼等片段被质疑歧视中国传统文化，引发广泛争议。杜嘉班纳设计师Stefano Gabbana还在社交平台Instagram上与中国网民争辩，言辞中出现"中国是屎一样的国家""中国这个无知又肮脏的土匪"等侮辱性言论。有网民将截屏发至国内社交媒体后，引起轩然大波。先是中国明星和模特集体罢演并拒绝出席时装秀，接着各大媒体发声斥责杜嘉班纳的错误言行，而后京东、天猫等中国各大电商陆续下架所有杜嘉班纳品牌产品。事件发生后，杜嘉班纳在其官方推特及Instagram等平台发布声明对宣传片进行解释，引发中国网民猛烈抨击和指责，一时间，Instagram平台评论量达2.98万条，推特评论量1.4万条。有网民甚至制作与该宣传片同款视频进行回怼，爱国风潮瞬间席卷网络。

2018年的辱华事件远不止于此。美国万豪酒店被曝出将中国西藏和港澳台列为"国家"、法国时尚品牌"巴黎世家"专柜涉嫌歧视中国人、韩国济州岛便利店被曝在入口张贴"中国人出入禁止"……事件通过互联网迅速传播，爱国主义情绪表达在网上日渐升温。网民对国家利益、文化与价值观的捍卫和维护，对国家和民族精神的坚守和传承，使网络爱国主义文化更加凝聚、内涵更加清晰、表现更加突出与亮眼，成为2018年网络文化的典型代表。

第二节　网络潮流文化崛起

《中国互联网络发展状况统计报告》显示，2018年上半年我国新增网民数量为2968万人，其中20-29岁的青年网民群体占比最高，达27.9%；10-19岁、30-39岁群体占比分别为18.2%、24.7%。随着年轻网民群体不断增长，网络潮流文化日渐崛起。回顾2018年，网络直播向纵深发展、短视频火爆、电子竞技得以正名，无疑是网络潮流文化最突出的表现。

中国网民年龄结构 ■2017.12 ■2018.6

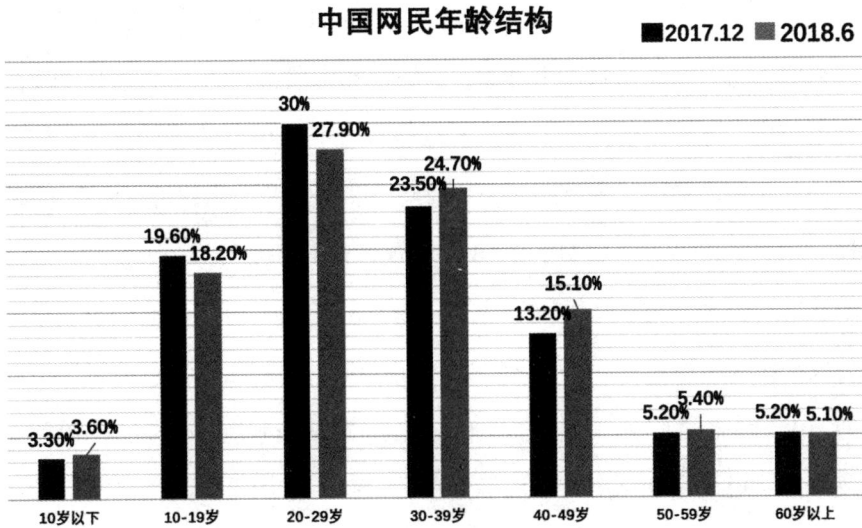

图 10-2：中国网民年龄结构

来源：CNNIC 中国互联网络发展状况统计调查

直播潮席卷全网

2018 年初，直播答题游戏在国内突然走红。网络红人王思聪推出直播答题 APP "冲顶大会"。直播答题玩法很简单，即主持人以在线直播的方式出题，用户答对所有题目即可与其他全答对的用户平分奖金。上线仅一周，"冲顶大会"超级话题阅读量即达 3252.9 万。随后，直播答题迅速在互联网上掀起热潮。各直播平台纷纷推出答题节目，涌现出"百万赢家""百万英雄""芝士超人"等一系列直播答题 APP。1 月 15 日 20 时，"百万英雄"直播答题甚至开出 500 万元奖金，通过疯狂"烧钱"吸引了近 500 万人参与，掀起直播答题高潮。截至 2 月初，多家平台累计奖金数额已超亿元。高额的奖金诱惑、几乎为零的参与门槛及邀请好友获得复活的社交裂变模式让直播答题火遍大江南北，成为2018年国内互联网界第一个爆款。同时，传统意义上的直播也日益火热，形式和内容更加多元化。为扩大影响力、寻求打赏和营销变现，各短视频平台红人纷纷开设账号试水直播，让短视频直播成为2018年直播潮中的亮眼明星。此外，前几年上线的各直播形态在2018年仍十分风靡。淘宝直播形式更加多样，内容涵盖美妆、潮搭、美食等，用户可"边看边买"自己感兴趣的商品。此外，2018年，媒体对时事热点事件的直播增加，中新网、央视新闻、人民网等媒体纷纷入驻直播平台。中国信通院政策与经济研究所发布的报告显示，2018上半年中国网络直播行业景气指数为401，同比增长20.4％。在游戏电竞直播、电商直播、直播答题创新及直播与短视频业态融合发展等多重因素综合作用下，网络直播市场空间持续扩大。天鸽互动CEO傅政军表示，未来直播市场规模仍将稳健增长，预计直播将超过中国电影市场成为除游戏外第二大娱乐市场。①

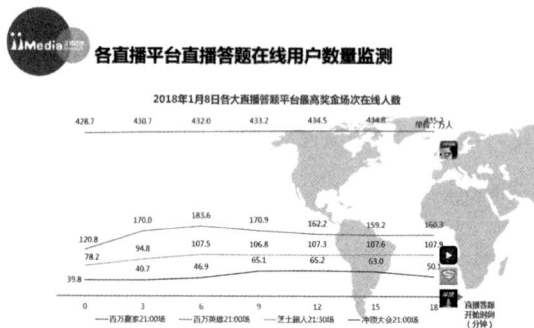

图10-3：2018年1月8日各大直播答题平台最高奖金场次在线人数
（单位：万人）来源：艾媒咨询

---

①2018年直播还会火下去吗？先来看看各大直播平台赚了多少吧.百家号"金融八卦党". https://baijiahao.baidu.com/s?id=1586835104253269441&wfr=spider&-for=pc.

短视频异军突起

2018 年，网络短视频也呈现出爆发式增长。《2018 中国网络视听发展研究报告》显示，截至 2018 年 6 月，中国短视频用户规模达 5.94 亿，占网民总数的 74.1%。短视频用户规模的迅速增长推动短视频在网络视听领域迅速突起。2018 年，短视频领域出现"两家独大、百家争鸣"的局面。"抖音"与"快手"互成犄角之势，"西瓜视频""火山小视频""美拍"等持续活跃，"微视"借势综艺和流量明星开启赶超之旅，"微博故事"功能继续丰富，微信年底发布的最新版本中新增的"时刻视频"功能也被认为是进军短视频行业的标志。2018 年，各类短视频应用中，发展最突出、影响最大的是今日头条旗下的短视频社交软件抖音。从 2016 年刚上线时的不为人知到 2017 年的不温不火，再到 2018 年火遍全国，抖音一跃成为现象级APP。截至 2018 年 6 月 12 日，抖音国内日活跃用户突破 1.5 亿。无论城市农村、街头巷尾，都能随时偶遇刷着抖音的"抖友"。以抖音为代表的短视频平台和形形色色的短视频内容不断涌现，推动"海草舞"等短视频文化风靡全国，成为 2018 年青年网民流行文化中不可或缺的元素。

电子竞技得以正名

《2018 年中国电竞运动行业发展报告》指出，2018 年，中国电竞行业内赛事、渠道、规则等生态体系上的构建逐步完善，体育化、娱乐化发展有所进步。5 月，《英雄联盟》《Arena of Valor》（王者荣耀海外版）《皇室战争》《炉石传说》《实况足球》《星际争霸2》等 6 个电子体育项目获批成为第 18 届雅加达亚运会表演项目，成为电竞第一次在传统体育大赛舞台上展示的契机。中国队电竞选手受邀参赛并一举夺得冠军，引发网民和行业热议。从官方到公众层面，都持续发出对电竞进入亚运会正面支持的声音。央视不仅特意拍摄视频推广电竞，还专门在其官博上宣传电竞、为电竞正名。此外，包括《人民日报》、"共青团中央"微博等官方媒体均对电竞的体育化表示积极支持。此后，11 月 3 日，王思聪带领的 IG 战队在韩国仁川以 3:0 的战绩击败欧洲知名电子竞技俱乐部的 FNC 战队，首次夺得《英雄联盟》全球总决赛冠军，由此创造了中国电竞的新历史。一时间 IG 战队风光无两，在国内电竞圈引起轰动，为 IG 战队庆贺的消息在网上铺天盖地。2018 年 12 月，IG 战队在德玛西亚杯上再次夺冠，让电子竞技又一次为之沸腾，该消息连续多日霸占百度"体育热点"榜单第二位，网民直呼"所有人的电竞梦终于实现了"。2018 年是被中国电竞记录的一年，大众真正感受到电竞对于这一代年轻人的意义。有评论认为，2018 年电竞文化得以正名，逐渐成为被大众接受的网络青年潮流文化形态。

第三节　网络亚文化向主流靠拢

随着年轻网民渐渐成为网络舆论场主力，网络亚文化形态更加多元，成为居高不下的热门话题。土味文化、爽文化等文化形态赢得更多网民喜爱，且呈现逐渐与主流文化相兼容，但同时丧文化、制造网络暴力的"狗粉丝"等亚文化形态成为现象，则将网络亚文化挤到一个危险的方向，值得警惕。

土味文化持续风靡

土味文化是伴随网络直播和短视频流行起来的一种网络文化。因其形式和内容来自民间具有乡土气息而得名。①2018年，快手、抖音等短视频平台持续火爆，推动了土味视频继续风靡。花样吃竹鼠的华农兄弟、回归桃花源式生活的李子柒及众多其他裹挟着"乡土气息"的内容在平台上愈发火爆。为迎合年轻网民中刮起的土味之风，不少品牌不惜主动入"土"：雪碧将土味情话搬上瓶身，中国移动拍摄土味广告，电影《超时空同居》甚至将土味情话作为彩蛋搬上大荧幕，在微博上发酵为全民话题。在娱乐圈中也能看到土味文化的身影。2018年，网络选秀节目《偶像练习生》和《创造101》风靡全网，不仅塑造了一批备受粉丝喜欢的新生代偶像，也成了土味文化的新阵地。《创造101》的一名女选手外形"土黑壮"，与传统印象中肤白貌美苗条的女团成员形成强烈反差，却意外因此圈粉无数。有评论称，该女团成员的火爆是一场网络土味文化的狂欢，背后是推手的力量和网民的喧嚣。在快节奏的现实生活中，人们承受着越来越大的压力，土味文化的真实不做作缓解了网民的疲劳感。"土味剧场"在土味潮流中举足轻重。土味剧场的创作者通常自编自导"出轨捉奸""兄弟背叛""穷人翻身"等极具传统文化精神的戏码，片尾定要语重心长地讲述一番"社会语录"，教导观众如何做人。而"土味户外派"也深受群众欢迎。这一类别主要拍摄乡村的狩猎采集、婚丧嫁娶，表现乡村日常，颇为生趣盎然。②

爽文化横空出世

2018年是互联网影视继续大爆发的一年。各视频平台推出各类网

---

① 土味文化的全民狂欢，究竟成全了谁？百家号"音乐先声". https://baijiahao.baidu.com/s?id=1603214315230653845&wfr=spider&for=pc.

② 沉迷土味视频的我，到底在迷些什么？腾讯网. https://new.qq.com/omn/20180327/20180327A0DT6R.html

剧、电影，其中爱奇艺推出的《延禧攻略》成为全民爆款宫廷剧。该剧女主角一路碾压反派、不断"打怪升级"、走上人生巅峰，女主角干脆利落的复仇之路让观众大呼爽快。该剧在香港TVB播出时，创下内地剧在TVB的收视纪录，在台湾也掀起一股"延禧热"，甚至登顶谷歌发布的Google Trends 2018年度全球电视剧热搜榜榜首。自此，以获取爽快感为特征的爽文化开始流行。有学者分析称，《延禧攻略》赢得广大市场，在于其完美契合了现代人的心理需求：高语境文化、差序格局下的人际交往总是费神费力，而直来直去、君子报仇一秒不等的情节则让人神清气爽，推动爽文化横空出世。此外，腾讯视频播出的《扶摇》《如懿传》等均因满足了观众的"爽快感"而成为年度爆款，播放量均破百亿。除影视剧外，电影市场则是2018年爽文化的另一大阵地。从年初的《红海行动》《唐人街探案2》，到年中的《我不是药神》和《西虹市首富》，再到年末逆袭好莱坞大片的《无名之辈》等，无不掀起了一股对社会话题的讨论。这些电影要么宣扬爱国主义情怀，要么切中社会痛点，电影的黑色幽默带来肆无忌惮的爆笑、影评内外夹杂着对现实社会的针砭时弊，引发无数网民共鸣与点赞，票房也因此节节攀升。国家电影局12月31日数据显示，2018年全国电影总票房首次突破600亿元，创下新的票房纪录。2018年，随着经济的快速发展和生活节奏的加快，人们的压力也随着增加，影视剧等成本较低的消费成为许多人获得"爽快感"的主流休闲方式。

丧文化继续纵深发展

2016年开始爆红于网络的"葛优躺"系列表情包表达了青年对生活的无力感，在社交平台被广泛使用。2018年初，席卷网络的"佛系"热再度引发公众对网络丧文化的关注和讨论。"佛系生活""佛系工作"等成为部分青年秉持的价值观。一些研究"佛系"的人士明确指出,"佛系文化"实际上表现出强烈的丧文化色彩,它们源自青年人群对社会竞争激烈、个人能力不足的担忧与焦虑。①作为 2018 年丧文化的典型代表,日本小游戏《旅行青蛙》在年初霸屏游戏榜。在这款游戏里,青蛙的任何举动都是不确定的,作为主人,玩家没有干涉的权利,只能看着或者等着。在没有任何宣传的情况下,《旅行青蛙》自 1 月 10 日起高居苹果应用商店免费游戏应用的榜首。有分析认为,这款游戏之所以火爆,是因为它符合 2018 年流行的"佛系青年"不争不抢的个性,小青蛙就是这些"佛系青年"数字化的化身。

丧文化等网络亚文化的流行在网上引发争议。中国江门网刊文《网络亚文化影响需正视》认为网络亚文化反映了当下的猎奇、围观、窥私、恶搞的社会文化心理,可能会对优秀传统文化造成侵蚀。有搜狐网刊文警示"95 后们,别中了丧文化的毒",疾呼要及时醒过来。而北京大学教授张颐武等学者却认为,不能因此就漠视或否定这种亚文化充满活力和积极性的一面,呼吁要让其有积极意义的方面在社会主流中得到有效提升,使其更好地发挥功能,更好地传播正能量。

第四节 网络热词文化推陈出新

2018 年是网络热词蓬勃发展的一年,热词数量明显增多,更新频率加快。总的来看,2018 年网络热词反映出网民心态更加成熟理性,有对时代变迁的关注认同,对社会变化的客观观察,更有对生活的反思与批

---

① 陈塞金,陈超俊.当代青年"佛系"现象的成因与对策 [J].实践研究, 2018 (07): 106-111.

判，同时热词反映出的"自嘲""杠精""积极废人"等亚文化心态仍在社会各阶层滋生蔓延，可谓"骄傲与焦虑齐飞，自豪与自嘲并举"。

图 10-4：2018 年网络热词词云图

2018 年，各类正能量网络热词数量明显增加，突显舆论环境逐步文明和谐，网民从低级吐槽向理性反思转变。12 月 3 日，《咬文嚼字》等机构发布年度热词榜单，"命运共同体""锦鲤"等热词榜上有名。此外，在其他机构发布的热词榜单中，正面词语逐渐占据多数，表明社会正朝着更和谐、更文明的方向发展。"命运共同体""改革开放 40 周年""港珠澳大桥""进博会""个税改革""店小二""贸易战""退群""国进民退"等政治经济类热词承载网民对改革的热情与期盼，凸显网民对国家和社会发展的关注度提升。"中国制造""人工智能""5G""物联网""量子计算机""冰屏""硬核"等科技类热词反映网民对国家的认同感及自豪感不断增强。东方网称，年度流行语是一面体味"冷暖"的镜子，2018年十大流行语中，"冷"的显然减少，更具"暖"意。《咬文嚼字》编辑部称，网民越来越成熟，发言越来越理性，文明度也在不断提高。

2018 年，社会民生热点事件多发：榨菜、二锅头、方便面生产企业业绩大增，全民"消费降级"声音四起；多起涉粮、涉农事件引发社会对粮食安全的担忧，"粮食焦虑"蔓延；滴滴"顺风车"安全事件接二连三发生，伤害全民脆弱神经；长春长生疫苗事件影响广泛，敲响卫生警钟；重庆公交车坠江事件引发舆论哗然，社会戾气成为众人之殇。"消费降级""隐形贫困人口""粮食焦虑""顺风车""长生疫苗""巨婴""底层互害""基因编辑""杀妻骗保"等社会民生类热词也由此引爆舆论，突显民众对社会负能量的不安与焦虑。

2018 年，网络热词逐渐凸显对网民个人情绪的表达。年轻网民群体面对社会压力利用自嘲、调侃进行"心理自救"，涌现出"锦鲤""社会人""冲鸭""确认过眼神""XXXX 了解一下""朋克养生""油腻青年""凉凉""喜提""肥宅""皮一下很开心""地域拖油瓶""上流社会边缘人""一望无际""假笑""积极废人"等众多调侃、嘲讽类热词，亚文化心态仍在社会各阶层滋生蔓延。此外，2018 年，《创造 101》等偶像养成类、选秀类节目炙手可热，"pick 一下""C 位出道""土创""走花路""菊外人""skr"等众多从节目中爆红的热词被网民运用于日常生活中。从影视作品、真人秀节目中"走红"的热词"大猪蹄子""真香"等也被频繁使用。此外，因娱乐圈明星宣布喜讯而走红的"官宣"一词备受关注，后被主流媒体和自媒体纷纷用于宣布个人或机构的最新消息。

2018 年的网络热词呈现多元化态势，可以看做年度网络热点事件的缩影，记录时代变迁，折射网民心理状态和利益诉求，成为网络文化的新景观。

第十一章

网络技术：革新世界描绘未来

  2018 年，黑科技、硬科技不断涌现，网络新技术持续发展与创新。人工智能不断向新领域、深层次探索，在人类认知等深层次的感知与理解上有了新的突破；风光无限的虚拟货币价格开始走下坡路，而区块链应用前景逐渐明朗，在解决金融等领域信任问题上不断进步；5G 技术的问世，让我们对即将改变的生活更加期待，而支撑各类技术发展的数据中心地位也日益凸显。科技的进步让人们体会到"梦想照进现实"的美好，新兴技术在传统行业落地，线下成为网络新技术角逐的新战场；网络赋能城市建设，让庞大的城市更加灵活与聪慧；新技术在服务业变现，无人化趋势加速。但是欣欣向荣的技术产业为社会带来巨大价值的背后，其发展过程中存在的问题也显露出冰山一角，人工智能的发展是否存在泡沫，人类究竟在人工智能的发展中扮演着怎样的角色，相比软件方面的飞速进步，硬件止步不前的困局如何破解，一系列问题都需要我们进一步思考。

第一节　网络时代 技术为王

  2018 年互联网科技发展的速度依旧令人惊叹，技术迭代迅速。

GitHub（全球最大的代码托管平台）发布的"Octoverse2018"调查结果显示，GitHub用户达3100多万，来自210余万个企业，2018年加入该平台的人数超过前六年的总和。2018年在GitHub社区，Python（人工智能领域广泛应用的一种语言）项目的提交量在所有语言中排名第三，是使用量前五的语言中增速最高的语言；机器学习是GitHub社区的持续热门话题；PyTorch（一个基于Python的深度学习库）在"2018年站内增长最快的开源项目"中排名第二；区块链开发相关领域的主题同样很流行。这些数据无一不反应了技术的快速发展及人工智能、区块链等互联网技术领域的热度。除了互联网，通信网络也不断进步，5G网络千呼万唤始出来，即将带来新的科技浪潮。可以说"技术为王"的2018，惊喜不断，期待连连。

人工智能领域所涉及的技术非常广泛，各大互联网公司在人工智能领域纷纷布局，已经取得不错的效果。除了常见的应用场景，人工智能行业还向人类认知方向探索，在情感认知、艺术审美等方面有了新的突破。微软培养的机器人萌妹子"微软小冰"在2018年已经六岁（第六代）了，最初仅支持简单的一问一答，其后可以看懂图片、回复语音、创作诗歌和歌曲，再到现在听懂人的语意、实现多轮对话聊天，不断进步，逐渐接近人类的认知。小冰放弃IQ路径，以EQ为方向不断迭代，在情感方面表现更加丰富，基于"共感模型"实现对整个对话的节奏、方向进行全局控制。回答问题不再是科普类型的冰冷回答，而是通过聊天式回复文字、语音、图片等，拉近了和用户的距离。

艺术审美方面，人工智能创作歌曲已不是新鲜事，近期在美术创作方面有了新的突破。2018年10月，纽约佳士得拍卖行成交了一幅由人工智能绘制的画作，成交价达43.25万美元（近300万人民币），甚至高于该场拍卖会中毕加索的作品拍卖价。国内人工智能最具艺术细胞、艺术家中最具科技感的智能中国画系统——"道子"在一期节目中展示了绘画水平，通过学习齐白石画虾的风格后，现场绘制了以虾为主题的国画，形色逼真。在 2018 年的世界互联网大会上，搜狗与新华社联合发布"AI 合成主播"，实现精准播报的同时，模仿主持人的面部表情和声音，展现与真人主播相同的信息传达效果。面对如此多领域的智能化应用，网民纷纷表示"要失业了"。

放眼区块链方面，2018 年，距中本聪发布比特币白皮书已经过去了十年，十年间比特币疯长的价格引来众多"矿工"参与。然而迎来十周年的比特币在 2018 年开启断崖式下跌模式，从 2018 年初的 17000 美元，到年中的 7000 美元，再到 12 月初的不足 3500 美元，一路狂跌，比特币价格 2018 年以来可以说没有最低只有更低。

2018 年 11 月比特币狂跌击穿矿机价格，按每比特币 3600 美元价格计算，不考虑矿机成本，仅考虑日常的电费、机房租金，"挖矿"每日利润不足以支撑电费，成了赔钱生意。很多"矿工"选择关机止损，约 130 多万台主流矿机在这一场比特币暴跌的浪潮中关机。对此，矿机本身价格也受到影响，网上甚至出现了"矿机论斤卖"的消息，"挖矿"行业遭受着前所未有的冲击和变局。除了比特币外，其他虚拟货币的日子也不好过，莱特币、以太币等价格和 2018 年初高位相比，都呈现出下跌态势。虚拟货币的价格下跌，与社会的恐慌情绪有着密切的关系，频繁发布的、日趋严格的监管政策也影响着价格的走势，此次寒冬将加速炒币者离场的脚步，引发泡沫的破裂。

抛开"挖矿"行为，回归到区块链本身。区块链产业初步形成，其应用在逐渐成熟和明朗。2018 年 5 月 20 日，工业和信息化部信息中心正式发布《2018年中国区块链产业发展白皮书》。作为国内第一份官方发布的区块链产业白皮书，该书深入分析我国区块链技术在金融领域和实体经济的应用落地情况，系统阐述了我国区块链产业发展的特点和趋势。近几年区块链在金融、电子商务等行业中取得了良好的效果，凭借其去中心化、不可篡改等特征，成为解决"信任"问题的最佳方案。2017年12月，依托业内首个基于区块链的同业清算开放式平台，招商银行完成了全球首笔区块链跨境人民币清算业务，降低跨境交易成本的同时提升了交易速度。在2018年"双十一"购物节上，蚂蚁金服的蚂蚁区块链首次参战，对全球1.5亿件货品的跨境商品实现溯源跟踪，在一定程度上解决了跨境电商的商品验证问题，让用户买得放心，为品质保驾护航。

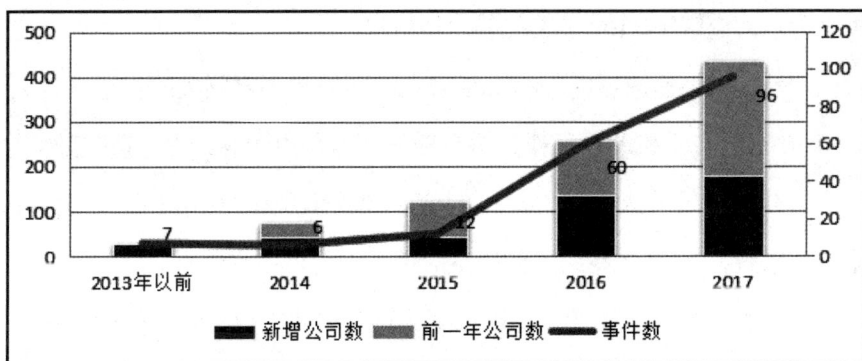

图11-1：近五年中国区块链产业新成立公司数量和融资事件数变化趋势
数据来源：itjuzi.comIT桔子 截止时间:2018.3.31

此外，通信网络也迎来了新的发展动能。2018年在通信网络行业中，呼声最高的莫过于5G即将实现商业化。2018年11月，三大运营商已经获得5G试验频率使用许可批复，全国范围的大规模5G试验将展开，5G离我们的生活又近了一步。在2018年乌镇举办的世界互联网大会上，乌镇推出 5G 网络商用试点，中国电信在乌镇的试验网环境中下载速率已经达到 1.7G/秒。

5G 提供了更快的带宽、更低的时延，在多个领域发挥着巨大的利好作用。一方面 5G 技术利好 VR（虚拟现实）市场的发展。VR 对时延的要求很高，而 5G 有更短的时延和更快的带宽，无疑对虚拟现实市场的发展形成利好因素；腾讯对此也表示，"5G 时代令人感到兴奋，将认真考虑对 VR 版微信的开发"；游戏开发商纷纷基于 5G 网络，开发新型 VR 游戏，实现更加完美的沉浸式游戏体验。另一方面 5G 技术的发展，将使更多应用运行于 5G 网络中，而应用程序部署在成本更低的云服务上，例如未来的电视机屏幕就是一台云计算机，通过连接云端的操作系统，完全可以实现无障碍的系统操作。业内人士预计，仅云服务一项就可以为运营商解锁 4100 亿美元的市场机遇。

此外，对增速放缓的手机市场来说，同样是不可错失的机遇，各大厂商纷纷将 5G 手机的研制作为重点任务。但是由于 5G 网络建设工程量庞大，从实际情况来看，大规模的商用预计出现在 2020 年后。相信在不久的未来，5G 技术将给我们的生活带来无限可能和惊喜。

强大的技术背后离不开海量数据计算及硬件支撑。各互联网公司都在构建自己的数据中心和数据平台，致力于让数据中心更加高效节能。4 月份腾讯计划"养鹅"的消息引起科技圈的关注，虽然只是愚人节的小玩笑，但该消息所传达的另一新闻——腾讯在贵州贵安新区规划建设中国首个山洞数据中心的消息却是真的。腾讯将在山洞中放置 5 万台高性能服务器，存储腾讯最核心的大数据，同时用最新 T-block 技术、海绵城市理念，让数据中心更加绿色节能的同时，为用户提供更安全、稳定的数据服务。

除了腾讯，阿里、苹果、马蜂窝等公司也纷纷选择在贵州建设自己的大数据中心，在 2018 年的国际大数据博览会上，阿里云宣布将在贵阳成立全球备案中心与技术支持中心，苹果公司宣布将在贵安开建亚洲最大数据中心。阿里巴巴创始人马云表示，如果大家错过了三十年前广州，二十年前的杭州，那今天一定不能错过贵州。一方面贵州良好的气候、充足的电力为企业降低数据中心的运营成本，另一方面在政府的大力支持下已然形成了数据开放共享机制，贵州凭借大数据之风成为新一代互联网热土。

在这个技术为王的时代，掌握核心技术是立于不败之地的秘诀，而技术落地与否决定着企业的发展前景和技术方向的可行程度。如何将技术落地，是掌握核心技术后需要思考的问题。

第二节　跨界发展 技术变现

马化腾曾说，移动互联网的下半场是产业互联网。下半场的互联网为其他产业赋予新动能，成为 2018 年的网络发展趋势。技术成熟与落地，让科技不再遥不可及，曾经美好的憧憬逐渐照进现实，为传统行业带来新的活力与生机。

距离 2009 年网易宣布养猪已经过去了九年，曾经众人笑谈与不解，而如今各大互联网公司纷纷以"智能、科技"拥抱农业，这种转变反映出农业产业化正逐渐成为互联网巨头之间竞争的新热土。2018 年 2 月阿里宣布基于自主研发的"ET 大脑"，开始"AI 养猪"。无独有偶，2018年 11 月份京东创立"京东农牧"子品牌，全面进军养猪业，开启智能化养猪模式。AI 养殖主要是利用成熟的图像识别、语音识别等人工智能技术辅助日常饲养，如形成"猪脸识别"算法、对饲养的畜牧进行从出生到成长过程中的全方位检测，扫脸即可查询、溯源其档案，为科学养猪提供了健康管理、完整科学的信息链；智能饲喂机器人定时自动投喂、巡检机器人代替人力，大大降低企业成本，实现了农牧产业的智能化、数字化和互联网化。

除了智能化养殖，智能化种植业也得到了发展。百度选择深耕种植业领域，基于植物生长模型、感知环境信息与相关的预测算法，提前推送灾害、降水信息，设置最佳种植日历，预测害虫爆发概率等，基于百度云边缘计算实现了在监测机飞行业务中实时生成病虫害监测图，不仅提高了农业的科技含量、促使农业发展智能化，更增加了农业产业和农户效益。人工智能落地于农业领域并取得了很好的效果，未来，或许只需点击鼠标和屏幕，就能实现农牧业的轻松管理。

放眼城市，城市交通拥堵、医疗资源紧张、空气污染严重，这些痛点无一不在考验城市的应对能力，智慧城市建设显得尤为重要。

2018 年初，德勤发布的《超级智慧城市报告》显示，目前全球已启动或在建的智慧城市已达 1000 多个，中国在建 500 个，远超排名第二的欧洲（90 个）。在政务方面，实现了服务质量从"最多跑一次"到"跑零次"的跨越。截至 2018 年 4 月，国内已经有超过 5000 个政务项目被集中到了微信上。尤其在东南地区的城市，很多政府服务已经可以在微信上远程完成；同样，支付宝上也集成了大量的政府服务小程序，水电煤费、交通罚款线上缴纳已成为稀松平常之事，2018 年江苏政务在支付宝上线刷脸"领取电子结婚证"、江西上线"一键离婚"，可以看出，越来越多的服务从线下转向网上办理，让人们体会到了智慧城市带给人们的便利。

　　智慧城市建设在 2018 年向纵深领域迈进。智慧交通不断发力，拥堵排名靠前的济南与滴滴、百度等公司合作，基于物联网、大数据技术构建智慧信号灯，道路交通模式由"车看灯"变为"灯看车"模式，根据车流量实现交通信号的弹性配置及区域信号联动，工作日早晚高峰平均延误时间下降超过 10%，有效治理了城市拥堵。

　　医疗领域也不断向智能化、信息化迈进，据报道，我国医疗信息化产业呈现高速增长，每年增长率在 15% 以上。7 月腾讯"觅影"发布结直肠肿瘤筛查 AI 系统，利用图像识别、深度学习等人工智能技术，与消化内镜结合，辅助临床医生实时发现结直肠息肉，并实现实时鉴别息肉性质。该系统已投入试用，这也是国内首个进入临床预试验的结直肠肿瘤实时筛查 AI 系统；2018 年 12 月，谷歌转向基因医疗领域，用数千种已知蛋白质训练神经网络，开发最新人工智能 AlphaFold，成功根据基因序列预测了生命基本分子——蛋白质的三维结构。

　　面对环境污染，北京基于云计算平台及大数据分析技术，综合各类数据，实现了对空气污染预测预警，提前做好风险防控工作。智慧城市的建设逐渐落地，垂直领域取得新的突破，城市阵痛逐渐减轻，让人们切身感受到了科技赋予城市的魅力。

　　除了城市整体建设，家居领域也借助新技术重新腾飞。物联网技术成熟，手机成为各类电器的遥控器，远程遥控家用电器成为常态；基于人脸识别、语音识别、自然语言处理等技术，指纹、声纹、面部特征等成为识别用户的关键，嵌入传统硬件设备，智能门锁、智能音箱等智能化硬件设备大大提高了生活品质。

　　"艾瑞咨询"发布的《2018 年中国智能家居行业研究报告》[1]显示，

①2018 年中国智能家居行业研究报告.艾瑞咨询.http://www.199it.com/archives/760494.html

2017 年中国智能家居市场规模为 3254.7 亿元，增长势头强劲。2018 年，仅小米一家平台，智能设备连接数就超 1.32 亿台，其智能助手"小爱同学"月活跃用户数超 3400 万。2018 年智能家居产品的品类和销量均增长迅猛，以智能音箱为例，根据 Canalys 报道显示，在 2018 年第三季度，全球智能音箱销量达到 1970 万台，同比增长 137%。人们对智能硬件的接受度逐渐增高，智能家居的市场潜力不可小觑。厂商更注重构建智能生态平台，纷纷寻求跨界合作，丰富平台的应用场景。如宜家和小米宣布全球战略性合作，用户可通过小米智能设备实现对宜家智能照明产品的控制。

2018 年的技术变现在增加生活便利性的同时，也在做减法，社会"无人化"的趋势愈加明显。基于成熟的人工智能技术，2017 年还很新奇的无人便利店在 2018 年已逐渐成熟初具行业规模；京东试水全流程无人餐厅，在线点单后，智能厨房配菜，程序烹饪，传菜机器人送到餐桌，实现全流程的无人化餐饮服务；阿里开张无人酒店，房间导引、按电梯、开门等均依靠人脸识别完全实现自动化，室内基于智能家居系统实现语音控制，从入住到退房，全程无人化智能化；各大电商平台纷纷构建无人仓储，机器人 24 小时不间断包装、分拣包裹，在提升物流速度的同时，节省 70% 的人力；广州、重庆等多地机场开启智能安检系统，刷脸安检登机正在取代传统安检，保证安全性的同时提升了安检效率。

除此之外，基于人工智能及物联网技术的无人驾驶依旧火热，国内外科技公司纷纷投入科研力量，7 月百度推出的全球首款 L4 级自动驾驶巴士"阿波龙"正式量产下线，搭载百度的阿波罗（Apollo）系统，目前首批 100 辆"阿波龙"已经在雄安新区、湖北武汉和福建平潭等地的封闭园区行驶。但是无人驾驶还处于初步探索的阶段，发展过程中难免遇到波折，已相对成熟的谷歌无人驾驶在 2018 年 3 月出现道路事故；无独有偶，2018 年 3 月 Uber 的无人驾驶测试车也发生一起道路事故。虽然无人驾驶发展曲折，但是科技公司依旧在不断尝试和努力，寻求突破和进步。

第三节　繁荣背后 技术隐忧

在经济寒冬下，人工智能、物联网发展似乎未受影响，不断有资本涌入，行业发展火热。但是其繁荣背后，仍存在隐忧值得警惕和思考：资本涌入的刺激下，行业虚火逐渐增高；行业高速发展的背景下，人才储备匮乏问题逐渐暴露；高压竞争的环境下，核心硬件能力不足对企业发展形成冲击。

"清科资本"数据显示，2018 年全年人工智能行业融资额超过 450 亿元，相比 2017 年的 260 亿元，增长超七成。业内人士表示，人工智能行业在国内有巨大的发展前景，但是在资本利好的刺激下，人工智能行业难免生出泡沫。媒体过渡吹捧、市场盲目跟进，使得人工智能的发展被夸大。人工智能的确是未来的发展方向，现有成果也不容忽视，但是伪人工智能公司也不在少数。

一方面，浑水摸鱼、滥竽充数的企业行为大行其道。一些公司号称产品智能化超强、技术创新，但使用体验差强人意；打着人工智能的旗号，实际工作却跟人工智能全无关系；借人工智能、大数据之名，实际以简单的数据统计与分析行事；智能化的背后却需要大量的人力干预……"新瓶装旧酒"的伪智能模式难免衍生出行业泡沫。创新工场创始人李开复曾表示，人工智能领域的投资和项目估值中存在严重泡沫，出现了许多伪人工智能的需求和产品。企业经营现状也进一步验证了行业泡沫的存在。亿欧智库发布的《2018 中国人工智能商业落地研究报告》显示，90%以上的 AI 企业处于亏损状态。

另一方面，投资涌入，跟风盲目。在行业快速发展的大背景下，一些资本一味地迷信技术，简单地认为资金到位就可以发展并盈利。但事实往往并非如此，且烧钱过多反而助推行业泡沫的形成。虽然"站在风口上猪都能飞起来"，但是等风停了，就只有带"翅膀"的企业还依旧能飞。丰满技术羽翼而非依赖行业之风，才是立于不败之地的秘籍。因此，如何打破行业泡沫，回归追求核心技术发展和落地，是整个行业需要思考的问题。

面对愈加强大的技术，民众对技术的掌控需求愈加迫切，国家也开始注重关键技术人才的培养。山东将 Python（人工智能领域广泛应用的一种语言）纳入小学信息技术课程，浙江、北京等地也都将编程课开进中小学生课堂。少儿编程培训班逐渐兴起。知乎上出现提问"孩子现在上五年级，现在开始学 TensorFlow（一种深度学习框架）来得及吗"。虽是调侃式语气，但也反映出人们对技术的认可及强烈的学习需求，努力不被时代所抛弃的心态。

最难就业季？人工智能领域的就业却是另一番景象。有消息称，2018 年人工智能应届生的薪水和前一年相比提高了 10%到 20%。博士的年薪从 2017 年的 50 万元涨到 2018 年的 80 万元。2017 年底腾讯研究院和 BOSS 直聘联合发布的一份《全球人工智能人才白皮书》显示，全球人工智能领域人才约 30 万，而市场需求在百万量级。其中，高校领域约 10 万人，产业界约 20 万人。全球共有 367 所具有人工智能研究方向的高校，每年毕业人工智能领域的学生约 2 万人，远远不能满足市场对人才的需求。

与高端人才形成鲜明对比的，是另外一类人工智能从业者——数据标注员，他们的平均月薪水平仅为 4000 到 5000 之间。但作为群体，他们的力量同样不可小觑。据不完全统计，2018 年国内全职数据标注员达到 20 万，加上兼职人群，规模达 100 万。数据标注员每天的工作就是面对图片、视频"画框"，在图片中标注出目标物，为图片打上正确的标签，从而为机器学习提供优质的数据源。这批标注者让冰冷机器认识了这个世界，没有这个群体，人工智能永远都智能不起来。他们是人工智能领域的最大隐形者。

数据标注虽然富有科技感，但其"转包、廉价、无技术"的本质和建筑工人相似。有从业者戏谑地称，数据标注员就是人工智能时代的新型农民工，只是从建筑工地搬迁到了现在的智能工地上。发展人工智能的本意是为人们服务的，但是现在人类却在帮它们做这类最基本、最简单的工作，成为人工智能的"助手"，这难免有些讽刺。而且一旦技术真的发展起来，这批从业者将何去何从，遭殃的是否又只是他们？

除了人的因素，硬件的日趋成熟是提升技术发展的重要因素，设备硬件的性能决定了算力，也在一定程度上决定了技术发展的高度。阿里人工智能负责人金榕也提到，服务器数量和性能决定了计算能力和灵活度，麦克风阵列技术的成熟对语音识别的发展起到了重要作用。下一波大的人工智能技术跃迁，离不开人工智能芯片、量子计算这些全新的计算基础设施对算力的巨大提升上。

2018 年的"中兴事件"一度引起举国上下关注。2018 年 4 月，美国方面宣布未来 7 年将禁止美国公司向中兴通讯销售零部件、商品、软件和技术。虽然中兴通讯自主技术发展迅速，但是一些高技术含量的关键核心器件仍然依赖从美国进口。按照出口管制规定，被美国企业停止供货，中兴通讯生产难以为继。国产芯片自给率不足，导致国内电子产品所需要的芯片大多依赖进口，自主研发技术实力不足，只能受制于人，大国的芯片之痛亟待解决。

在国人对"自主研发"狂热期盼之际，科研领域的一举一动都是舆论关注焦点。2018 年某国产浏览器套壳 Chrome 事件同样引人关注。研发该浏览器的公司融资 2.5 亿、自称国产自研，但经过业内人士检查发现，这款"国产浏览器"实际上就是一款将谷歌几年前的 Chrome 内核重新包装的产品。舆论称"又重现 15 年前的'汉芯造假'"。一系列的事件无一不说明目前国内科技研发环境的弊病，核心技术依赖国外，创新力缺乏以及创新动力不足对国内科技发展形成牵制。

在这个快速迭代的网络时代，虽然其发展存在着种种不足与隐忧，但是发展中的短板也是机遇的跳板，充满不确定的迷雾也孕育了无限的可能和机遇。对新技术抱有一份美好的希冀，在享受科技带来的愉悦时也要包容它的不足，期待 2019 年的网络时代，带给人们更多的惊喜和收获。